광야에 선 자의
고백

만화 묵상집

광야에 선 자의 고백

글·그림 이범혁(Victor) 원저 | 일러스트 문희수

Victor's Insight

나무&가지

추천의 글 1

4년 전 8월 무더운 하얼빈의 여름, 저는 만방국제학교에서 범혁이와 함께 입학한 동기입니다. 제가 처음 봤던 범혁이는 저만큼이나 부족한 친구였습니다. 똑똑했지만 감정적이고 세상에 불만이 많은 친구였지요. 이미 키나 머리는 다 큰 듯했지만 우리는 만방에서 많은 것을 배우면서 마음의 키가 자라기 시작했습니다. 세상을 미워했던 우리는 그들을 사랑하기 시작했고 어떻게든 그 마음을 표현하고 싶었습니다.

"이런 게 세상을 바꿀 수 있을까?"라고 말하며 삐뚤빼뚤한 글씨와 그림으로 채운 만화를 저에게 보여줬던 범혁이가 생각납니다. 이제 범혁이에게 말해 주고 싶네요. "하나님께서 너를 들어 쓰셔서 세상을 바꾸시려나 보다" 하고요.

범혁이의 이야기는 그가 살아가고 공부하고 성장해가면서, 배우고 느낀 것들을 담아낸 이야기입니다. 그 속에는 어려운 과학 이론들과 신학적인 내용들도 있는데, 이러한 것들은 범혁이의 살아있는 생각과 따뜻한 마음을 잘 담아내고 있는 것 같습니다.

이 시대의 한국 청소년들, 우리의 친구들이 죽어가고 있습니다. 우리가 그러했듯 경쟁의 늪에서 빠져나오지 못해, 상처받고 아파도 아픈지도 모른 채 살아가고 있습니다. 그런 청소년들에게 이 책을 통해 말하고 싶습니다. "범혁이 같이 너희들도 살 수 있어"라고 말입니다.

배움과 공부는 죽어 있는 것이 아니라 이렇게 살아 숨 쉬는 것이라고 꼭 말해 주고 싶습니다. 우리가 만방학교에서 받은 교육은 삶의 어떤 자리에서도 배움을 즐거워할 수 있도록 학생들의 마음에 감사를 심어 넣는 교육입니다. 지식은 죽어 있는 것이 아니라 그 속에 누군가의 섭리가 살아 숨 쉬고 있다는 것을 인지하고 그에 대해 감사할 때, 지식의 바다에서 지혜라는 새로운 영역을 발견하게 됩니다. 배움은 지식을 아는 것에서 그치지 않고 그 속에서 진리와 지혜를 만나는 데 그 가치가 있다고 생각합니다.

『광야에 선 자의 고백』은 한 평범한 학생의 잠언입니다. 제 친구의 지혜가 담긴 책이지요. 이 책을 읽는 모든 분들이 범혁이와 함께 지혜를 나누며 배움의 참 가치에서 즐거움을 찾기를 바랍니다. 책을 읽으면서 우리가 아는 모든 것이 우리에게 익숙한 것이 아니라 전혀 새롭고 신선한 것임을 깨닫고, 우리 주변에 항상 있었던 지혜를 만나는 시간을 가지시길 간절히 바랍니다!

이현겸 친구

추천의 글 2

"네가 낫고자 하느냐?"

제가 아는 저자는 때로는 교만하였고, 때로는 부정적이었으며, 때로는 인간관계에서도 많이 서툴렀던 아이였습니다. 한마디로 내면에 참 독이 많았던 학생이었지요. 그러나 그는 선생님들의 상담과 가르침 속에 결국 순종하기로 하였습니다. 정말 낫고자 하는 마음이 간절했던 학생이었습니다.

"너희는 이 세대를 본받지 말고 오직 마음을 새롭게 함으로 변화를 받아 하나님의 선하시고 기뻐하시고 온전하신 뜻이 무엇인지 분별하도록 하라"(로마서 12:2)

선생님들과 그의 가족들은 로마서 말씀 그대로 범혁이의 변화를 지켜보았다고 이야기합니다. 4년 전, 일반학교에서 만방국제학교로 전학 온 첫 1년을 범혁이는 이렇게 회고하고 있습니다.

"만방학교로 오게 된 그때부터 제 삶이 뿌리째 바뀌는 훈련이 시작되었습니다. 첫 1년 동안은 제 안의 문제들 때문에 수없이 혼나고 상담하면서 반성문과 결심서를 쓰고, 책을 읽고 혼자 생각하며 대부분의 시간을 보냈습니다. 정말 많이 힘든 시간이었습니다."

4년의 재학 기간 동안, 결코 쉽지 않았지만 그는 어느덧 성숙한 그리스도의 사람으로 변화되어 있었습니다. 그는 만방에서 두 가지를 얻었다고 합니다.

"여러 방면으로 많이 성장하고 성숙했지만, 제가 배운 것들 중 정말 값지게 생각하는 두 가지는 살아계신 하나님에 대한 믿음과 야성이었습니다. 진짜 중요한 것이 무엇인지를 알고 그것을 붙들어야 한다는 것을 배웠습니다. 양손에 그리고 제 안에 놓지 않고 꽉 쥐고 있었던 수많은 것들을 이곳에서 하나둘 버리게 되었습니다. 좋은 이미지, 좋은 머리, 좋은 관계 등 그동안 내가 가치 있다고 생각했던 것들을 모두 가차 없이 쳐냈습니다. 정말 중요한 것은 이런 것들이 아니라 내 삶을 붙드신 이가 나를 훈련하시며 만들어 가신다는 믿음임을 알게 되었습니다. 또 하나의 중요한 것은 예전의 저에게서는 찾아볼 수 없었던 일종의 '야성', 즉 도전 정신이 생겼다는 것입니다. 이는 여러 기회를 통해 저의 한계를 뛰어넘는 것들에 도전하면서 생긴 것입니다. 합창단에서 모세 역할을 하고, 전 중국 모의 비즈니스 대회 개막식 연설에 도전하고, 미국의 Harvard University에서 진행하는 Pre-College 프로그램에 참여하는 등 예전의 저라면 도전할 엄두도 못 냈던 것들에 도전하였습니다."

저는 범혁이가 몇 년 동안 하나님을 향한 마음을 매주 한 편의 만화로 표현해왔다는 것을 알게 되었습니다. 그의 만화를 보며 나도 모르게 무릎을 치곤 했습니다. 그의 작품 하나하나에 담긴 강력한 메시지가 온통 저의 가슴을 울리고 감동케 하였기 때문입니다. 십 대 청소년 지혜자요 신학자요 과학자를 만난 느낌이었습니다. 그는 어리지만 대단한 통찰력을 가지고 있었습니다.

이 책을 대한민국의 십 대 청소년들에게, 목사님들에게, 그리고 청·장년 성도님들에게 추천합니다. 한국에 있는 청소년들에게는 성경 묵상의 기쁨이 무엇인지 알려 주고 강력한 신앙적 도전이 되어, 한국교회 청소년들의 가능성을 보게 될 것입니다. 목사님들에게는 훌륭한 영적 인사이트를 제공해 드릴 것이며, 성도님들에게는 묵상의 깊이가 더해져서 삶의 예배자로 더욱 견고히 서게 도와줄 것입니다.

최하진
『자녀를 빛나게하는 디톡스교육』, 『세븐파워교육』의 저자

프롤로그

만방국제학교에서는 모든 학생들이 매주 부모님께 손편지를 쓰는데, 일주일간의 자신의 삶을 돌아보며 쓰기 때문에 우리는 그것을 위클리 라이프(Weekly Life)라고 합니다. 저 역시도 만방학교에 입학하고 나서부터 꾸준히 위클리 라이프를 써왔습니다. 그러나 시간이 지나면서 점점 억지로 쓰는 건 아닌가 하는 생각이 들었고 기계적이고 형식적으로 글을 쓰고 있는 나 자신을 발견했습니다.

그래서 '어떻게 하면 더 솔직하고 분명하게 매주 내가 느끼고 배우며 나누고 싶었던 것들을 표현할 수 있을까?' 고민하기 시작했습니다. 그러다 '8컷 만화로 그 모든 것들을 표현해 보자'라고 생각하여 만화를 그리기 시작했습니다. 예전부터 생각해오던 것들이나 기도 응답을 받은 내용들을 나눌 때도 있고, 수업 때 배운 것들이나 공부하면서 알게 된 내용들을 성경과 접목시킬 때도 있고, 성경을 묵상하면서 느낀 것들이나 일상생활에서 얻은 영감들을 표현할 때도 있었습니다. 그렇게 한 편 한 편 쌓여가는 만화를 본 선생님들과 친구들이 감동과 영감을 받는 모습을 보면서 정말 감사했습니다.

만화의 내용을 선생님과 친구들과 나누면서 저는 하나님께 한 가지 기도를 드리게 되었습니다. 바로 제 만화들을 만방학교 학생들뿐만 아니라 한국 땅에 있는 수많은 청소년들, 특히 기독교 청소년들과도 나누게 해달라는 것이었습니다. 전 세계에 있는 그리스도인들과도 만화를 통하여 영감을 주고받고 싶다는 열망도 생겼습니다. 그리고 하나님께서는 놀랍게도 제 기도에 응답해 주셨습니다.

  언젠가는 제 만화들을 여러 사람들과 나눌 거라는 소망은 있었지만, 이렇게 예상치 못한 방법으로 이루어지리라고는 상상도 하지 못했습니다. 많은 분들의 도움으로 울퉁불퉁한 원석과도 같았던 저의 만화들이 다듬어지고 멋진 날개를 달아 이제는 한 권의 책이 되었습니다. 크고 작게 여러 도움을 주신 분들과 그 가운데에서 역사하신 하나님께 감사드립니다.

  저의 소망은 이 책을 읽는 사람들 중 단 한 명만이라도 하나님을 조금이나마 더 알게 되고 더 사랑하게 되는 것입니다. 이 책을 통해 단 한 명의 청소년이라도 하나님의 사랑을 경험하고 하나님을 향한 뜨거운 신앙을 다시 회복하게 되면 좋겠습니다. 단 한 명에게라도 하나님께서 역사하신다면 저는 너무나도 행복할 것 같습니다. 이 책이 조금이나마 한국 땅에, 한국교회에, 한국에 있는 청소년들에게 작지만 거대한 울림이 되었으면 합니다.

  마지막으로 만화를 집필하면서 최대한 오류가 없도록 노력했지만, 간혹 신학적으로나 과학적으로 잘못된 부분이 있을지도 모르겠습니다. 혹시라도 그런 오류들을 발견하셨다면 『천로역정』의 저자 존 번연 목사님의 말씀을 인용해 당부하고 싶습니다.

  "당신이 내 작품에서 발견한 흠들은 과감히 버리십시오. 하지만 황금은 남겨 놓으십시오. 아무도 사과 심 하나 때문에 사과 전체를 버리지는 않는 법입니다."

이범혁(Victor)

목차

추천의 글 1 04
추천의 글 2 06
프롤로그 09

confess 1
창조주 하나님의 위대하심과 깊은 지혜!
세상은 결코 다 이해할 수도, 헤아려 알 수도 없습니다.

예측할 수 없는 Unpredictable 16
경우의 수 18
기준 Criteria 20
3+5=8 22
앞길 24
열역학 제2법칙 26
힘 28
Victor's Original Cartoon 30

confess 2
하나님은 내가 아직 모태에 있을 때 나를 지으시고,
나를 향한 계획을 갖고 계셨습니다.

God = LOVE 36
작품 38
1등 40
You are you 42
틀 44
Wish 46
한계 48
수련회 감상문 1 50
수련회 감상문 2 51
Victor's Original Cartoon 52

confess 3

**나를 너무나 사랑하신 하나님께서 하나뿐인 아들을
내어 주심으로, 나의 죄를 깨끗이 없애 주셨습니다.**

$e^{\pi i}+1=0$ 58

또 60

양들과 목자 62

방식 64

행복한 부활절 Happy Easter 1~8 66

십자가 82

골로새서 84

Victor's Original Cartoon 85

confess 4

**마음을 새롭게 하고 변화를 받아
나의 몸과 마음과 매일의 삶을 하나님께 드리겠습니다.**

가인과 아벨 92

당신은 하나님을 오해하고 있습니다 94

기타 96

자존심 98

스펀지 100

암 102

규칙 안에서의 자유 104

행복 106

바리새인 108

기도의 중심설 1, 2 110

삶의 예배 114

Victor's Original Cartoon 116

confess 5

고난과 시련 속에서도 하나님의 길에서 벗어나지 않고 순종했더니, 그분의 능력을 덧입혀 주셨습니다.

선택받은 이후 122
연단 1, 2 124
꿈, 성공, 믿음, 위험 요소 Dream, success, faith, risk 128
역설 Paradox 1 130
역설 Paradox 2 132
조선의 조선(造船) 기술 134
롯의 역설 136
맡겨진 대로 138
물병 140
조약돌 1, 2 142
해, 바람, 그리고 나그네 1, 2 146
엘리야 150
광야 1 152
광야 2 154
Victor's Original Cartoon 155

confess 6

하나님의 능력을 힘입어 변화된 나는 빛이 되어 세상에 하나님의 빛깔을 드러내고 이웃을 사랑하며 섬기겠습니다.

Represent 162
빛 164
의사가 필요합니다 Need doctor 166
연어가 사는 법 168
사랑을 품고 세상을 거슬러 오르는 연어처럼 170
여우와 포도 172
하나 됨 Unity 174
면역세포 176
길 178
회색주의자 180
하나님의 공동체 182
텔로미어 184
잔 186
Victor's Original Cartoon 187

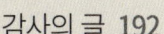

감사의 글 192

confess 1

창조주 하나님의
위대하심과 깊은 지혜!
세상은 결코 다 이해할 수도,
헤아려 알 수도 없습니다.

예측할수 없는 Unpredictable | 경우의 수 | 기준 Criteria | 3+5=8 | 앞길 | 열역학 제2법칙 | 힘

예측할 수 없는 Unpredictable

TOEFL 읽기 문제를 풀다가
제 마음을 사로잡는 지문을 발견하게 되었는데

바로 일기예보에 관한 것이었습니다.

아무리 성능 좋은 슈퍼컴퓨터라도
현재의 기술로는 일주일 이상의 날씨를 예측하기가
정말 어렵다고 합니다.

이런 현상을 설명하기 위해 생긴 용어가
바로 '나비효과'입니다.

작은 나비의 날갯짓으로 생긴 바람이
한 달 뒤의 날씨를 좌우할 수 있다는 것입니다.

그 지문에서는 이렇게 말하고 있었습니다.
'날씨는 정해진 여러 법칙에 따라 움직이나
예측할 수가 없다.'

그 문장을 보고
불현듯 스치는 생각이 있었습니다.

**'이것이 바로
하나님의 속성이 아닐까?'**

"여호와께서 그의 권능으로 땅을 지으셨고 그의 지혜로 세계를 세우셨고 그의 명철로 하늘을 펴셨으며"
예레미야 10:12

그 지문에서는, 브라질에 사는 나비의 날갯짓이
캘리포니아 날씨를 뒤바꾸기 때문에
한 지역의 미래 날씨를 정확하게 알 방법은
온 지구에서 일어나는 모든 경우의 수를
계산하는 것이라고 했습니다.

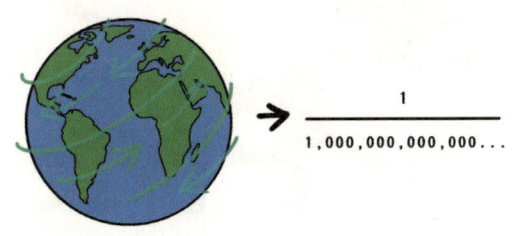

하나님은 감히 인간과는 비교할 수 없을 정도로
스케일이 큰 분이십니다.
사람들이 하나님의 성품을 조금은 알지만

그분의 역사를 예측하지 못하는 건,
하나님께서 모든 것을 다 고려하시면서
절묘하게 역사를 진행하시기 때문은 아닐까요?

하나님을 다 알 것 같다가도
다시 그분의 가늠할 수 없는 스케일에

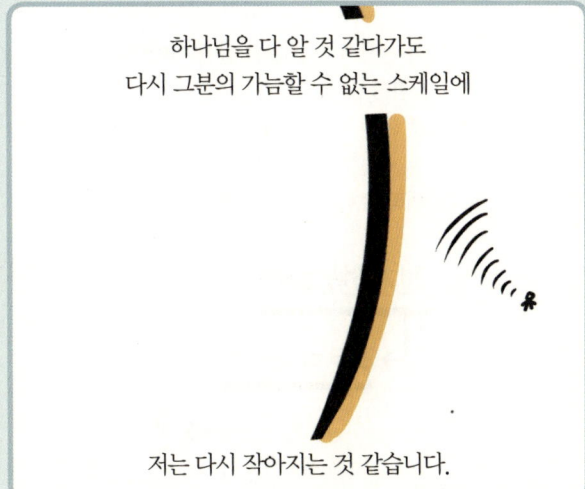

저는 다시 작아지는 것 같습니다.

Unpredic✝able

경우의 수

하나님께서는 이 우주 만물의 모든 것들과 과거, 현재, 미래까지도 모두 아십니다.

하지만 하나님께서는 우리의 앞길과 미래를 운명처럼 정해 놓지 않으시고 우리가 자유롭게 선택할 수 있게 하셨습니다.

이 두 사실은 서로 충돌하며, 이것은 실제로 학식 있는 무신론자들도 주장하는 이야기입니다.

"하나님이 다 알고 계획하셨다면 인간이 타락하고 죄짓는 것도 계획하셨다는 것인가?"

"하나님이 다 아신다면, 누가 천국에 가고 지옥에 가는지도 다 아신다는 것 아닌가? 그럼, 알고도 방관하셨다는 것인가?"

"하나님이 인간을 만든 것을 후회한다고 말씀하셨을 때가 있다. 말이 안 된다! 모든 미래를 아신다면 왜 후회를 하시는가?"

저도 주변에서 이런 말을 들을 때마다 정말 많이 고민했습니다. 그러던 중 저는 '하나님께서 다 아신다'에서 '다 아신다'라는 말의 의미를 재정의해야 한다는 걸 깨달았습니다.

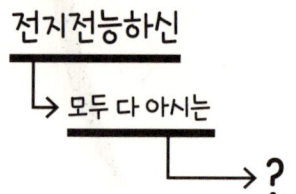

광야에 선 자의 고백

"사람이 마음으로 자기의 길을 계획할지라도 그의 걸음을 인도하시는 이는 여호와시니라"
잠언 16:9

'모두 다 아신다'란 의미는 '이미 다 정해져 있다'는 운명론적인 의미가 아닙니다.
하나님께서는 그렇게 일차원적인 분이 아니십니다.

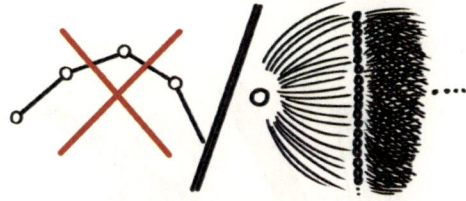

'모두 다 아신다'의 의미는,
일어날 '**모든 경우의 수를 아신다**'라는 의미라고 생각합니다.

물론 '심판의 날'이나 '예수님의 탄생과 죽음'같이 중요한 일들은 굳건히 정해져 있고
또 하나님께서 직접 개입하실 때도 있습니다.

하지만 그 외의 것들은 인간이 스스로 선택할 수 있는 자유를 부여해 주셨고, 인간이 무엇을 선택하든 간에
그것이 어떤 결과를 초래할지도 모두 다 아십니다.

하나님께서는 인간이 어떤 길을 선택하든
그때마다 어떻게 해야 할지도 아십니다.

하나님께서 맡기신 달란트와 사명을 외면한 채
최후를 맞는 사람이 있는 것도,

성경에 쓰여 있듯 회개 기도로 간구했을 때
하나님께서 생각을 바꾸셔서 기회를 주신 경우가 있는 것도,

하나님과 동행하는 삶을 살다가 말년에 타락하고 죄를 지어
비참하게 인생을 끝내는 경우가 있는 것도

모두 다 이 때문입니다.

물론 하나님의 뜻과 계획은 존재하며,
대부분 그대로 이뤄집니다.
하지만 우리의 미래는 운명처럼 정해져 있지 않습니다.
수많은 경우의 수들이 우리에게 주어지지만,
하나님께서 원하시는 꿈과 주신 것들을 찾아 살아가는 건
하나님으로부터 우리에게 맡겨진 권한이자 임무입니다.
다시 말해,
**하나님께서 우리를 마음대로
조종하시는 게 아니라 우리가 어떤 선택을 하더라도
하나님 손바닥 안에 있다**는 것입니다.

기준 Criteria

세상에는 많은 자가 존재합니다.

문방구에서 쉽게 볼 수 있는 자부터,
원자보다도 훨씬 작은 단위도 오차 없이 계산하는
아주 정교한 자까지 정말 다양하지요.

만약, 수학 과제로 자를 이용해서 각 변의 길이가
3cm인 정삼각형을 그려야 한다면
이 중에서 어떤 자를 사용해야 할까요?

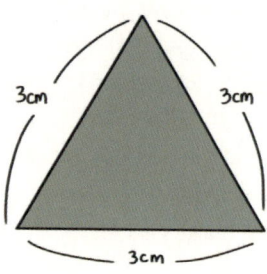

사실, 어느 자를 사용해서 그리든
큰 문제는 없어 보입니다.

수편 : 편한 것을 따름

광야에 선 자의 고백

"예수께서 이르시되 내가 곧 길이요 진리요 생명이니 나로 말미암지 않고는 아버지께로 올 자가 없느니라"
요한복음 14:6

그러나 만약에 차 중에서도 더더욱 고장 나서는 안 되는 구급차의 부품 길이를 재야 한다면?

사용할 수 있는 자는 하나밖에 없습니다. 유일하죠.

하지만 이 세상에는 자가 많습니다.
꼭 그 자 없이도 어느 정도 할 수 있는 일이 많기 때문에 굳이 그 자를 찾는 사람들은 점점 줄어들기만 합니다.

그 '자'만이 하실 수 있는 것도 모르고 말이죠.

3+5=8

여러분이 덧셈 연산을 이용해서
문제 하나를 풀었다고 합시다.

3 + 5 = 8

어렵지 않은 계산이기 때문에
'내가 풀었네'라고 생각하기 쉽습니다.

하지만 만약에 '덧셈'이라는 개념과 법칙이
이 세상에 없었다면 어떻게 될까요?

3　5　8　　?

그래도 과연 문제를 풀 수 있었을까요?

우리는 어떤 것을 할 때
'내가 했구나'라고 쉽게 생각하곤 합니다.

법칙이있어도
내가 없었으면 안 풀렸겠지…

물론 하나님께서 우리에게 자유의지를 주셨기 때문에
우리가 선택해서 한 것은 맞습니다.

그러나 우리의 몸 구석구석에서부터
우리가 매일 보는 것과 행동하고 듣고 느끼는 것 전부가
그분의 섭리와 경우의 수 안에 있음을 안다면,

그래도 섣불리 "내가 했다"라고 말할 수 있을까요?

광야에 선 자의 고백

"네가 선을 행하면 어찌 낯을 들지 못하겠느냐 선을 행하지 아니하면 죄가 문에 엎드려 있느니라
죄가 너를 원하나 너는 죄를 다스릴지니라"

창세기 4:7

내가 아니어도
덧셈으로 계산할 수 있는 사람은 많습니다.
모른다면 가르쳐서 계산할 수 있게 만들 수도 있습니다.

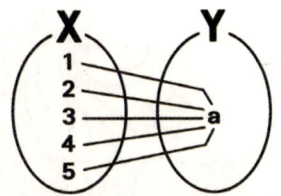

하지만 '덧셈'이란 개념 자체가 없다면
그 누구도 계산해 낼 수 없게 됩니다.

또한 '덧셈'이란 연산이 생겨남으로써
'틀린' 계산과 '올바른' 계산도 생겨난 것입니다.

$$3 + 2 = 5 \quad (O)$$
$$3 + 2 = 7 \quad (X)$$

그런데 여기서 중요한 것은 계산 과정에서
오답과 오류를 일으키는 것은 그걸 계산하는 인간이지,
그 법칙 자체나 법칙을 만든 존재가 아니란 사실입니다.

덧셈 문제를 틀렸는데, 어떻게 덧셈 법칙의
개념을 만든 사람을 탓할 수 있겠습니까?

이처럼 죄를 짓고 잘못된 방향으로 가는 건
인간의 잘못이지, 이 세상을 창조하시고
우리에게 열린 가능성(자유의지)을 주신
하나님의 잘못이 아니라는 것입니다.

인간이 죄지을 걸 알면서도, 혹은 계속 계산을
틀릴 수 있다는 걸 알면서도 이 모든 것을 만드신 데는
다 분명한 이유가 있을 겁니다.

Confess 1

앞길

"너는 마음을 다하여 여호와를 신뢰하고 네 명철을 의지하지 말라
너는 범사에 그를 인정하라 그리하면 네 길을 지도하시리라"
잠언 3:5-6

내가 있는데
네가 왜 '뒷일'을
걱정하고 그러니.

백성들과 함께 '앞으로' 나아가렴.
앞만 보고 나아가다 보면
너희 뒤는 내가 알아서 할 거란다.

앞뒤가 모두 막혔을 때,
우리는 불가능해 보이는 앞은
미처 생각하지 못하고
계속 뒤돌아보며 하나님께
어떻게든 뒤를 해결해달라고 매달립니다.

하지만 그때 하나님께서는 우리가 상상하지도 못한
'앞길'을 열어 주십니다.

그 길을 따라 나아가다 보면
뒤를 막고 있던 것들도 어느새 사라졌을 것입니다.

열역학 제2법칙

열역학 제2법칙은 말합니다.

"모든 자발적 과정은
온 우주의 무질서도를 증가시킨다."

이 법칙은 다른 말로
'엔트로피(무질서도)의 법칙'이라고도 합니다.

즉, 어떠한 시스템이 어떤 외부 힘의 도움 없이
'스스로' 하는 모든 활동은

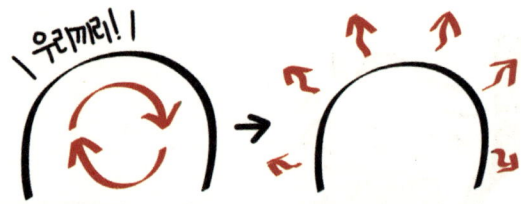

온 우주의 엔트로피를 증가시킨다는 의미입니다.

엔트로피는 줄어들 수 없습니다.

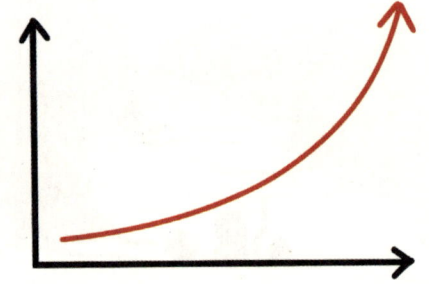

시간이 지나면 지날수록 계속 증가할 뿐입니다.

성경은 이미 이 법칙을 잘 알고 있는 듯합니다.

"세상의 마지막 때에 어떤 징조가 있겠습니까?"
"난리와 난리 소문" "기근과 지진"
"환란" "미혹" "실족" "불법"
- 마태복음 24장 -

마지막 때에는 세상이 점점 무질서하고
혼란스러워집니다.

> "여호와께서 다스리시니 스스로 권위를 입으셨도다 여호와께서 능력의 옷을 입으시며
> 띠를 띠셨으므로 세계도 견고히 서서 흔들리지 아니하는도다"
>
> 시편 93:1

에덴동산에서의 타락 이후, 인류란 시스템은 인류 외부의 힘인 창조주 하나님의 도움 없이 '스스로' 모든 활동을 해옵니다.

수렵채집 → 문명 → 전쟁 정복 무기 발달 → 인구증가 전쟁 기아 기술의 양면성 → ⋮

그리고 그럴수록 세계는 더욱 혼란스러워졌습니다.

우리는 엔트로피를 줄일 수 없습니다.

우주 → Ω (우주공간 평균 밀도) → Ω < 1 → 빅 프리즈 / Ω > 1 → 빅 크런치 → 종말

인류 → 예수님의 재림 → 종말

우주도, 인류도 언젠가는 종말을 맞이하도록 태초부터 설계되었기 때문입니다.

하지만 우리는 엔트로피의 생성을 **막을 수는 있습니다.**
외부의 힘이 이 시스템에 개입하는 모든 활동에서는 엔트로피가 증가하지 않기 때문에

"Nonspontaneous Process"
비자발적인 과정

외부에서 오는 힘으로 새로운 것들이 탄생하고 서로 만날 수 없는 것들이 이어지며 '일반적으론 말도 안 되는' 일도 일어나게 됩니다.

외부의 힘을 받아들여야 합니다.
이 인류 시스템 밖에서 개입하시는 그분의 역사를 이제는 받아들여야 합니다.

그것이 바로 어쩔 수 없이 종말로 향하는 이 세상에서 한 명이라도 더 살리는 방법입니다.

힘

연필을 부러트리는 건
힘만 있다면 누구나 할 수 있습니다.

하지만 아무나
연필을 만들 수 있는 건 아닙니다.

누구나 종이를 찢고 구길 수 있지만,
누구나 종이를 만들 수 있는 건 아닙니다.

그릇을 깨트리는 건 그릇을 만드는 사람이든 아니든
어느 누구나 할 수 있지만,
그릇을 만드는 건 만들 줄 아는 사람만이 할 수 있습니다.

"여호와는 위대하시니 크게 찬양할 것이라 그의 위대하심을 측량하지 못하리로다"
시편 145:3

이 세계를 파괴하는 건 이 세계의 창조주나 그를 대적하는 자 모두 할 수 있습니다.

하지만 오직 창조주만이 이 세계를 만드실 수 있고 파괴된 것들을 다시 새롭게 하실 수 있습니다.

그러나 파괴만 할 줄 아는 존재는 파괴밖에 모릅니다.

뭔가를 부수고 파괴하는 힘이 강한 힘의 척도가 되어서는 안 됩니다.
그건 일차원적인 힘입니다.

이 힘은 우리 주변에 너무나도 많이 있습니다.
하지만……

진정한 힘은
잘 드러나지 않습니다.

Victor's Original Cartoon

3+5=8

Victor's Original Cartoon

힘

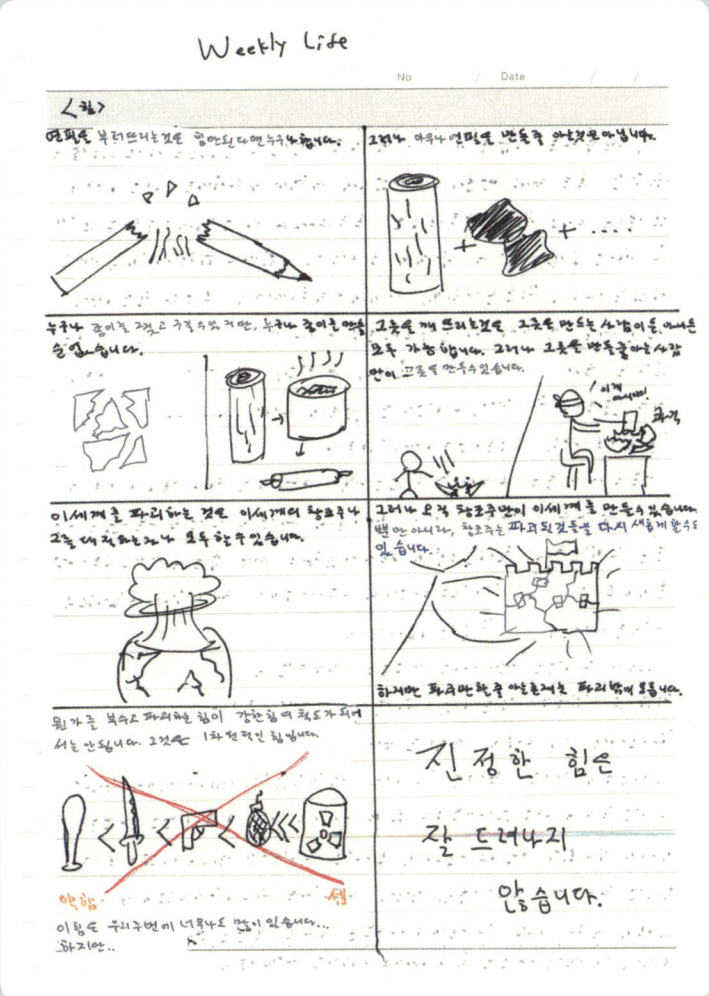

Confess 1

예측할 수 없는 Unpredictable

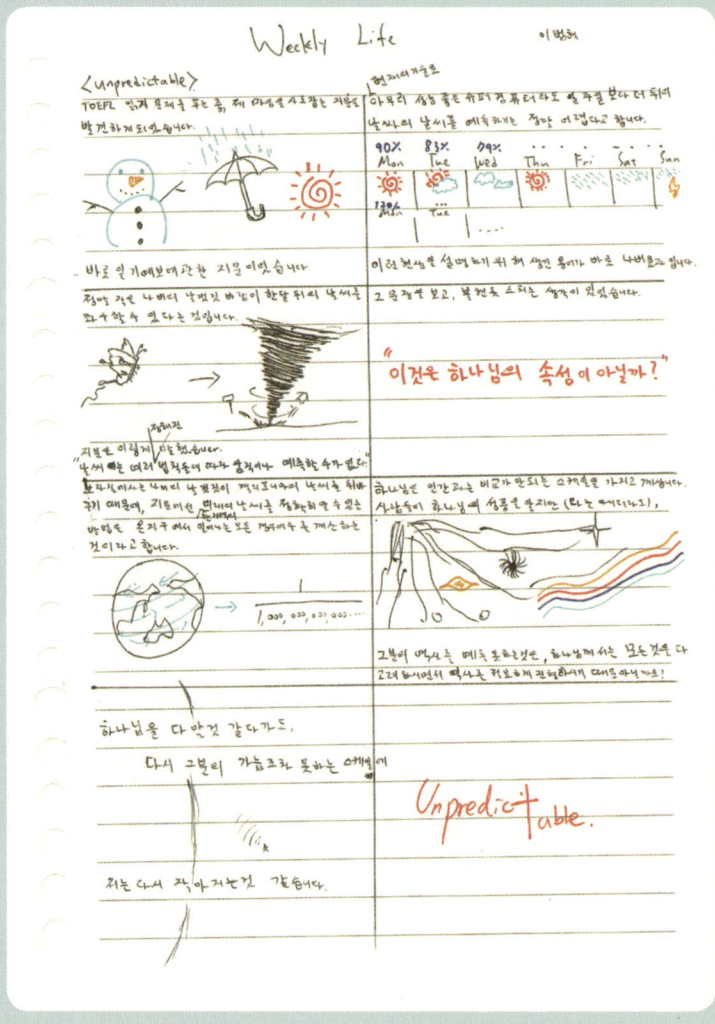

Victor's Original Cartoon

기준 Criteria

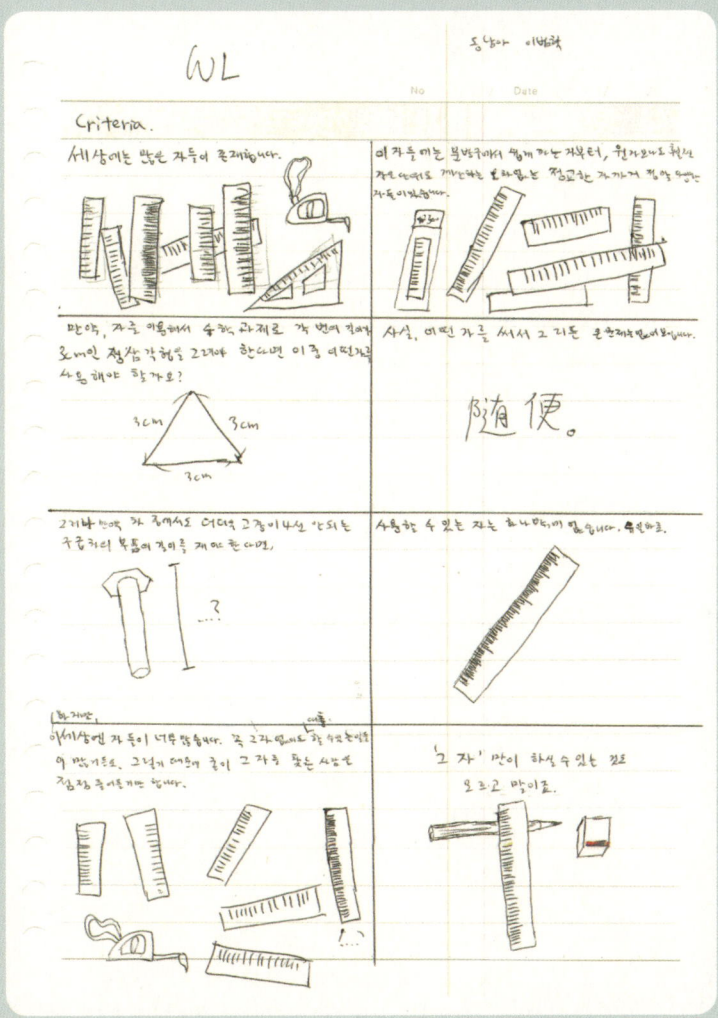

confess 2

하나님은
내가 아직 모태에 있을 때
나를 지으시고,
나를 향한 계획을 갖고 계셨습니다.

God = LOVE | 작품 | 1등 | You are you | 틀 | Wish | 한계 | 수련회 감상문 1 | 수련회 감상문 2

God = LOVE

 가 있습니다.

아무리 큰 수도  앞에서는 0이 됩니다.

$$\frac{?}{\infty} = 0$$

 에선
얼마의 수를 빼더라도

 가 됩니다.

$$\infty - x = \infty$$

"사랑하지 아니하는 자는 하나님을 알지 못하나니 이는 하나님은 사랑이심이라"
요한일서 4:8

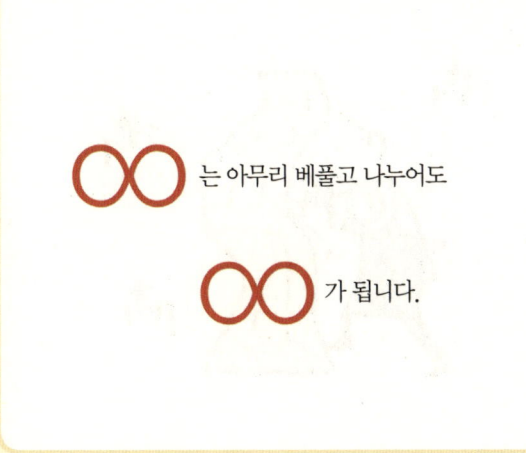

하지만 우리의 힘으로는
계산할 수도, 가늠할 수조차 없습니다.

= Love

Confess 2

작품

"하나님이 자기 형상 곧 하나님의 형상대로 사람을 창조하시되 남자와 여자를 창조하시고
… 하나님이 지으신 그 모든 것을 보시니 보시기에 심히 좋았더라"
창세기 1:27, 31

1등

You are you

광야에 선 자의 고백

"주께서 내 내장을 지으시며 나의 모태에서 나를 만드셨나이다
내가 주께 감사하옴은 나를 지으심이 심히 기묘하심이라"
시편 139:13-14

You are you

틀

하나님을 제 안의 조그마한 틀에 가두고,

**"이렇게 해 주세요!"
"왜 저렇게 안 하세요?"**

하며 살았습니다.

"우리 가운데서 역사하시는 능력대로 우리가 구하거나 생각하는 모든 것에 더 넘치도록 능히 하실 이에게"
에베소서 3:20

내 안의 '틀'에서 나와
하나님께서 날 위해 만들어 놓으신
'한계가 있지만 그 한계를 알 수 없는' 바다에서
마음껏 즐겁게 헤엄치면서 살겠습니다.

Wish

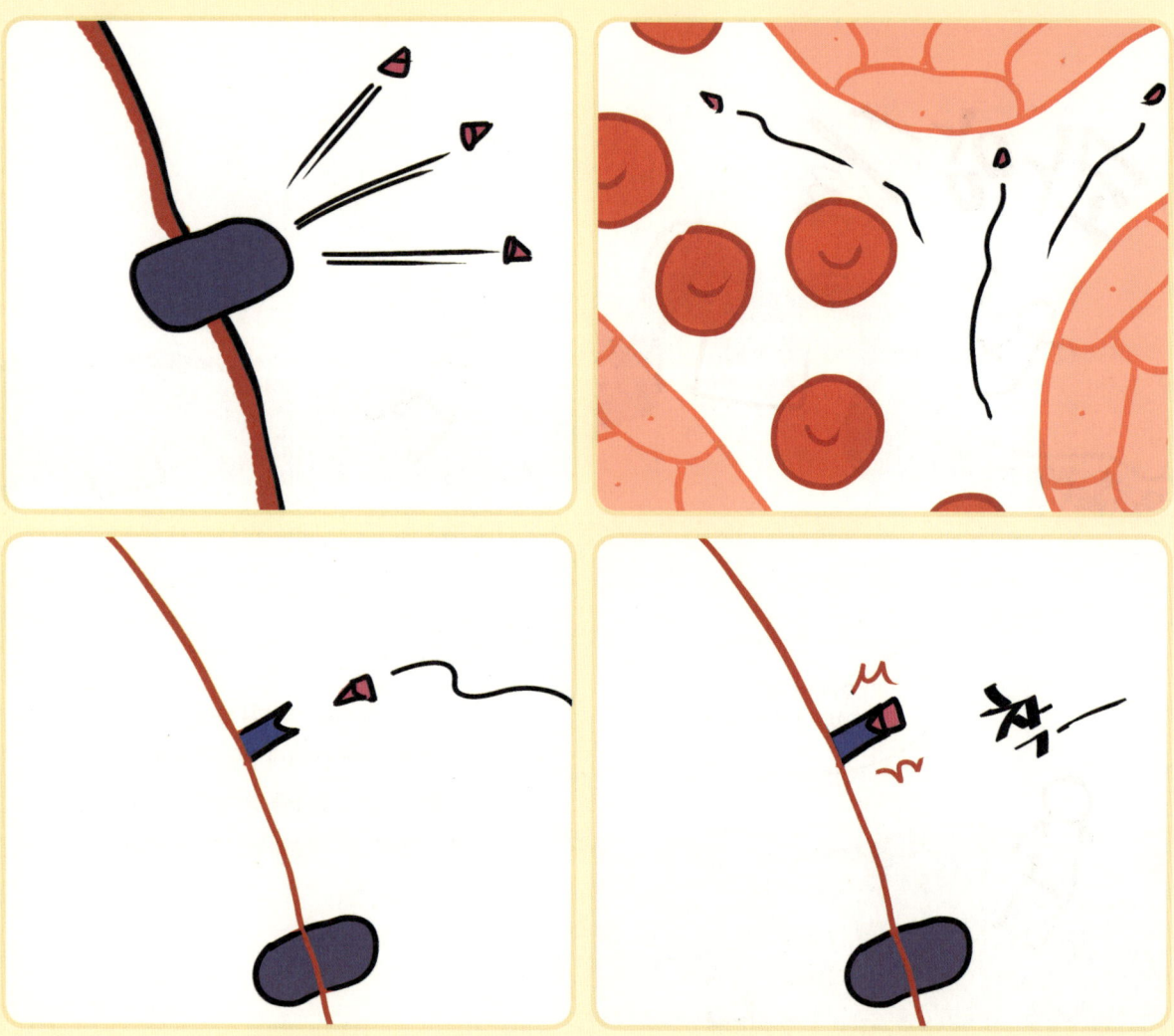

광야에 선 자의 고백

"삼가 이 작은 자 중의 하나도 업신여기지 말라
너희에게 말하노니 그들의 천사들이 하늘에서 하늘에 계신 내 아버지의 얼굴을 항상 뵈옵느니라"
마태복음 18:10

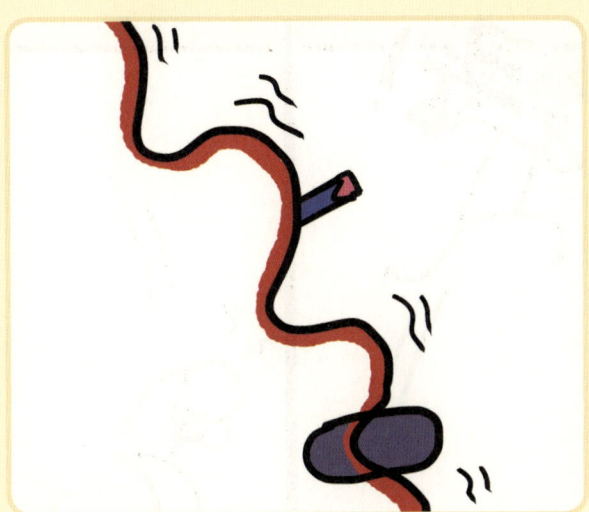

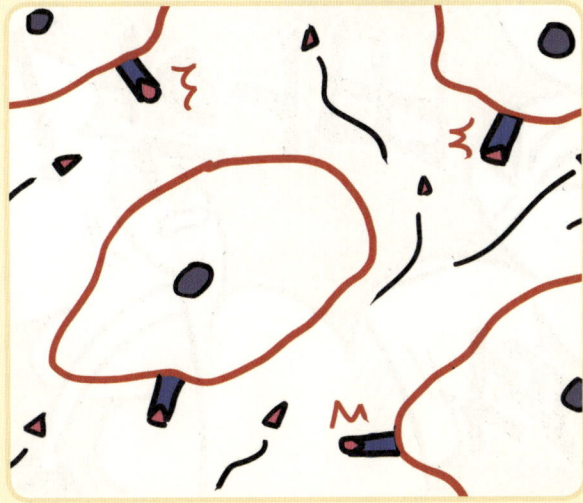

잠들어 있는 세포를 깨우는 건,
작은 분자 하나

한계

"내가 주를 의뢰하고 적진으로 달리며 내 하나님을 의지하고 성벽을 뛰어넘나이다"
사무엘하 22:30

수련회 감상문 1

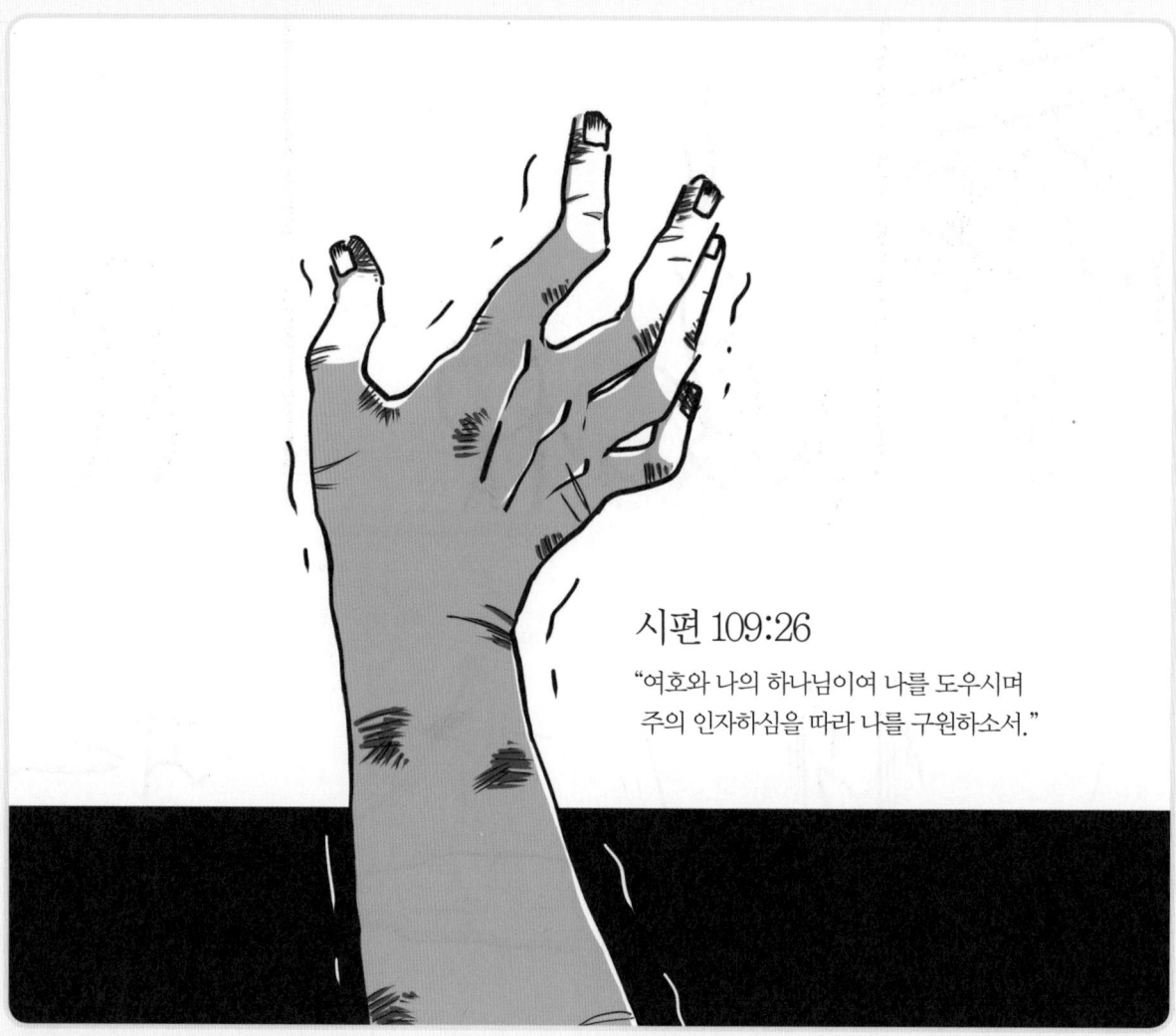

시편 109:26

"여호와 나의 하나님이여 나를 도우시며 주의 인자하심을 따라 나를 구원하소서."

수련회 감상문 2

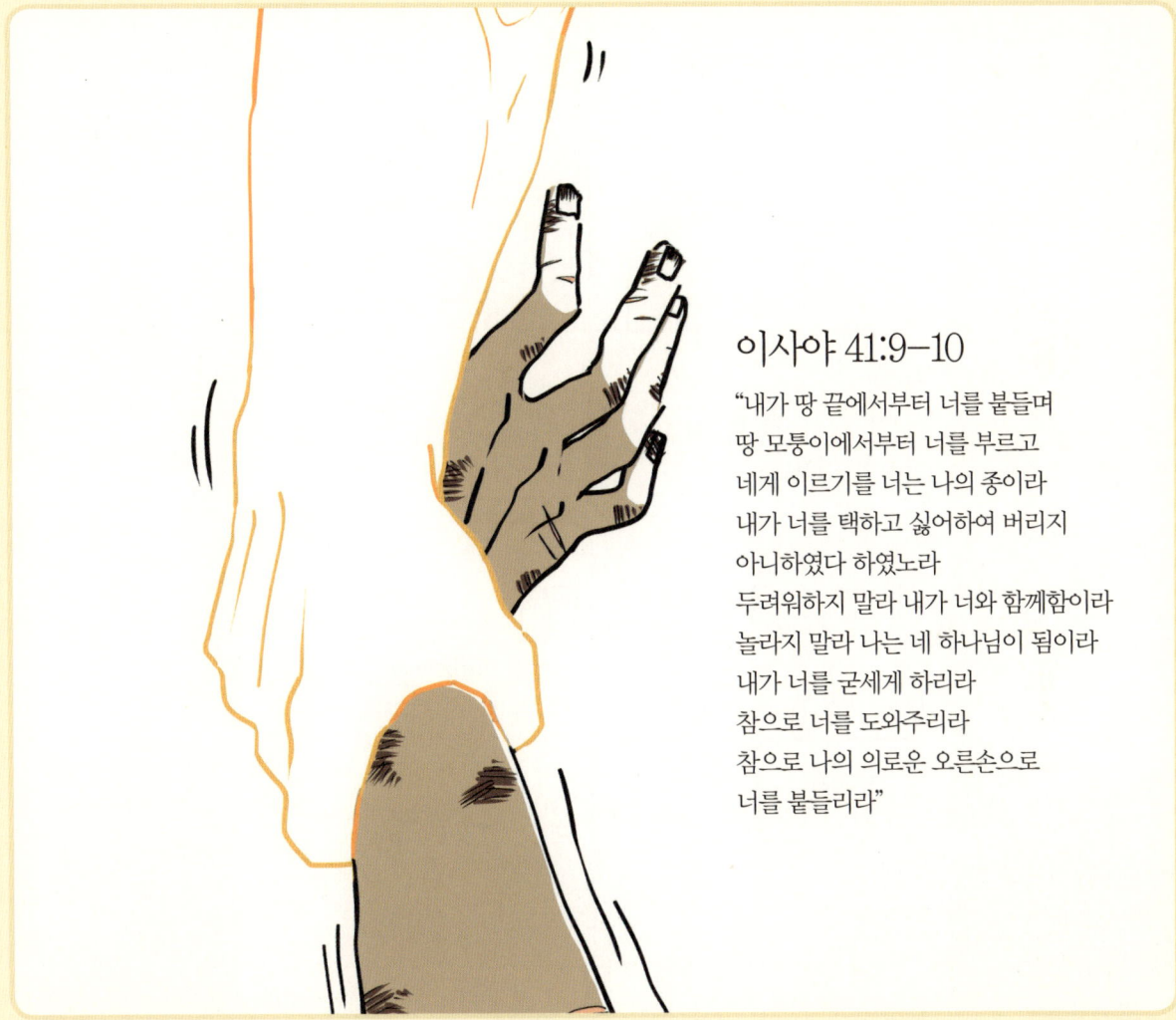

이사야 41:9-10

"내가 땅 끝에서부터 너를 붙들며
땅 모퉁이에서부터 너를 부르고
네게 이르기를 너는 나의 종이라
내가 너를 택하고 싫어하여 버리지
아니하였다 하였노라
두려워하지 말라 내가 너와 함께함이라
놀라지 말라 나는 네 하나님이 됨이라
내가 너를 굳세게 하리라
참으로 너를 도와주리라
참으로 나의 의로운 오른손으로
너를 붙들리라"

1등

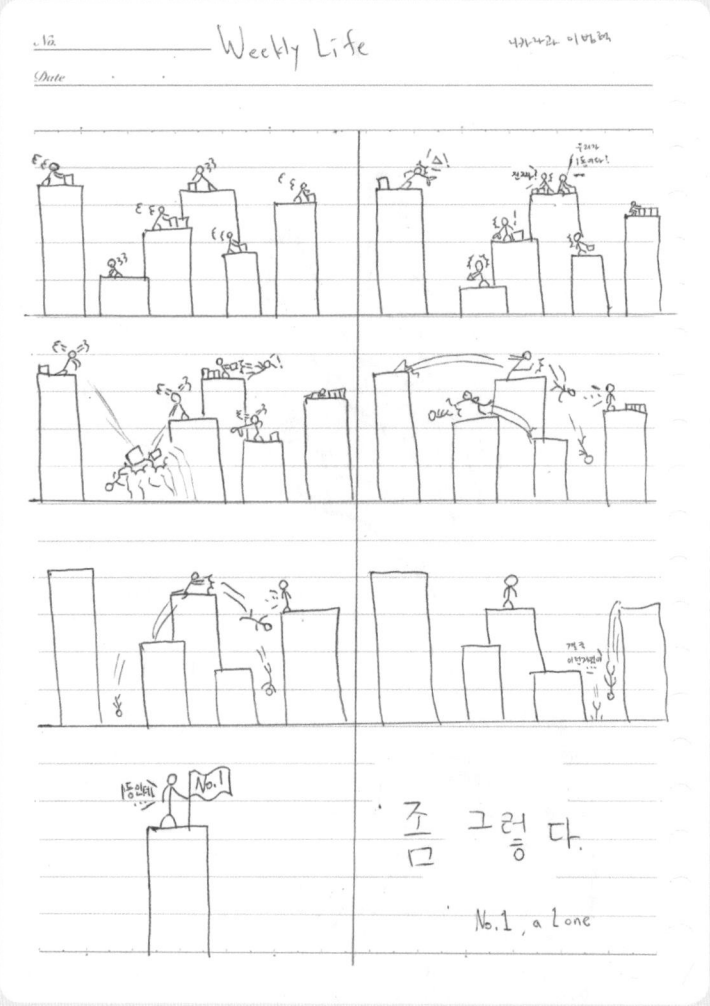

작품

Confess 2

Victor's Original Cartoon

Wish

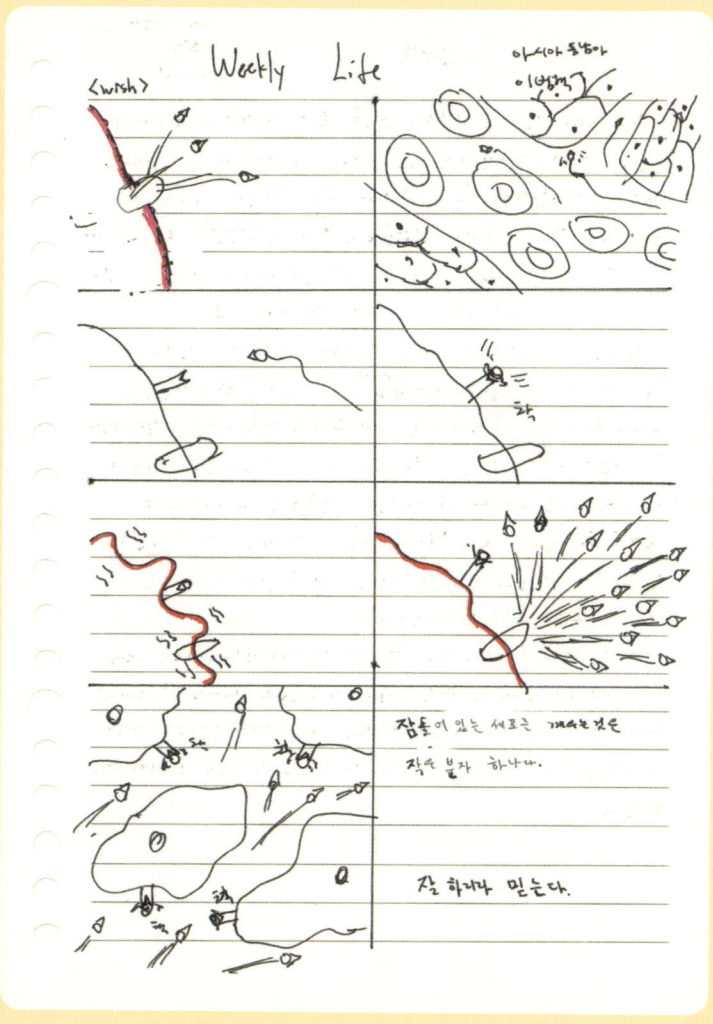

광야에 선 자의 고백

Victor's Original Cartoon

수련회 감상문 2

confess 3

나를 너무나
사랑하신 하나님께서
하나뿐인 아들을 내어 주심으로,
나의 죄를 깨끗이
없애 주셨습니다.

$e^{\pi i}+1=0$ | 또 | 양들과 목자 | 방식 | 행복한 부활절 Happy Easter 1~8 | 십자가 | 골로새서

$e^{\pi i}+1=0$

죄를 짓고 괴로워하는 이스라엘 백성들을 보며 하나님은 어떠셨을까요?

공의의 하나님,
죄와 절대 타협하지 않으시는 하나님께서
사랑하는 백성들이 죄에 빠져버렸을 때
어떠셨을까요?

"오 이스라엘의 집이여,
너희는 왜 죽으려 하느냐?"
에스겔 33:11

경고를 하셨지만,
그럼에도 말을 안 듣는 자녀들을
심판해야만 했을 때 하나님께선 어떠셨을까요?

"여호와께서 사람의 죄악이
땅 위에 가득한 것을 보셨습니다.
그리고 그들의 생각이 항상
악할 뿐이라는 것도 아셨습니다."
창세기 6:5

죄만 짓는다면 철저히 심판만 하면 될 것이고,
상처만 받는다면 치료만 해 주면 되는데

광야에 선 자의 고백

"우리가 아직 죄인 되었을 때에 그리스도께서 우리를 위하여 죽으심으로
하나님께서 우리에 대한 자기의 사랑을 확증하셨느니라"
로마서 5:8

이 백성들이 죄는 죄대로 짓고
상처는 상처대로 받아
걷잡을 수 없는 상태가 되어버렸을 때,
하나님께선 어떠셨을까요?

기회를 더 주고 싶지만 그러다 남은 사람들마저
모두 죄악에 빠지게 될까 봐 도려낼 수밖에 없는
하나님의 마음은 어떠셨을까요?

"여호와께서는 땅 위에
사람을 만드신 것을
후회하시며 마음 아파하셨습니다."
창세기 6:6

죄에서 헤어나지 못하는 자녀들이
곪을 대로 곪은 상처를 부여잡고 신음할 때,
하나님께선 어떠셨을까요?

"머리부터 발끝까지 성한 곳이
한 군데도 없이 온몸이 다치고 멍들고
상처투성이구나.
그런데도 치료하지 못하고,
싸매지도 못하고, 상처가 가라앉게
기름을 바르지도 못하는구나!"
이사야 1:6

결심하셨죠.

내가 가야겠다.

또

"주의 약속은 어떤 이들이 더디다고 생각하는 것 같이 더딘 것이 아니라 오직 주께서는 너희를 대하여
오래 참으사 아무도 멸망하지 아니하고 다 회개하기에 이르기를 원하시느니라"

베드로후서 3:9

양들과 목자

어린 양이 절벽으로 간다면

목자는 절벽으로 가서 그 양을 구해옵니다.

길 잃은 어린 양이 가시덤불에 빠진다면

목자는 가시덤불로 가서 그 양을 구해옵니다.

광야에 선 자의 고백

"예수께서 모든 도시와 마을에 두루 다니사 그들의 회당에서 가르치시며
천국 복음을 전파하시며 모든 병과 모든 약한 것을 고치시니 무리를 보시고 불쌍히 여기시니
이는 그들이 목자 없는 양과 같이 고생하며 기진함이라"
마태복음 9:35-36

목자는 길 잃은 양을 구하기 위해서
어떠한 위험도 감수합니다.

정말로 길 잃은 양을 구하고 싶다면,
양이 있는 곳으로 가야 하지 않겠습니까?

양들이 힙합에 미쳐 있다면
누군가는 그 땅에 가야 하는 것이고,
양들이 아이돌에 미쳐 있다면 누군가는 그 땅에 가서
양들을 구해와야 한다는 의미입니다.

죄와 타협하고 죄를 지으라는 말이 아니라,
멀찍이 뒤에 서서 거기서 나오라고
고래고래 소리만 지르는 건
옳지 않게 보인다는 겁니다.

명심하세요.
예수님께서는 절대 죄인들처럼
죄짓지 않으셨지만,
죄인들과 함께 다니고 먹고 마시며
그들과 함께 지내셨습니다.

방식

하나님께서는
우리의 두 손과 발을 묶고 있는 여러 사슬을 끊어 주십니다.

행복한 부활절 Happy Easter 1

행복한 부활절 Happy Easter 2

행복한 부활절 Happy Easter 3

잘못 살았다……
정말 잘못 살았어……

억울한 게 아니다.
그냥 내가 너무 쓰레기 같아.

눈물 흘릴 자격도 없는데……

행복한 부활절 Happy Easter 4

살아서 지은 죄… 죽은 사람들…
내가 지옥에서 불타는 걸 보면
덜 서럽겠지……

유월절

...

4일 동안 한숨도 못 잤다.

의연한 척, 죽는 게 당연한 척했지만…
사실 무섭다.

행복한 부활절 Happy Easter 5

광야에 선 자의 고백

행복한 부활절 Happy Easter 6

내가… 내가… 산다고? 왜…?	

행복한 부활절 Happy Easter 7

왜 저분이
대신… 죽는 걸까…?

행복한 부활절 Happy Easter 8

"그리스도께서도 단번에 죄를 위하여 죽으사 의인으로서 불의한 자를 대신하셨으니
이는 우리를 하나님 앞으로 인도하려 하심이라 육체로는 죽임을 당하시고 영으로는 살리심을 받으셨으니"
베드로전서 3:18

Good, Holy, Easter

십자가

광야에 선 자의 고백

"내게는 우리 주 예수 그리스도의 십자가 외에 결코 자랑할 것이 없으니
그리스도로 말미암아 세상이 나를 대하여 십자가에 못 박히고 내가 또한 세상을 대하여 그러하니라"
갈라디아서 6:14

뭐 하러 자꾸
꾸미는 걸까요?

그냥 십자가면 되는데

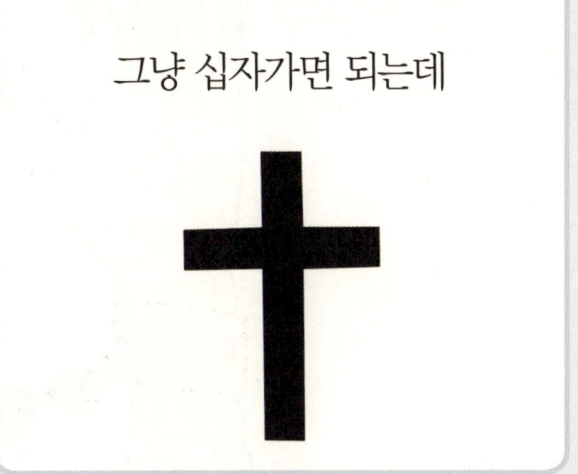

골로새서

이제 사랑과 용서를 통해 자유를 얻을 것이다.

골로새서 3:13-14

"누가 누구에게 불만이 있거든 서로 용납하여 피차 용서하되 주께서 너희를 용서하신 것 같이 너희도 그리하고 이 모든 것 위에 사랑을 더하라 이는 온전하게 매는 띠니라"

Victor's Original Cartoon

$$e^{\pi i}+1=0$$

Victor's Original Cartoon

행복한 부활절 Happy Easter 1

행복한 부활절 Happy Easter 6

Victor's Original Cartoon

십자가

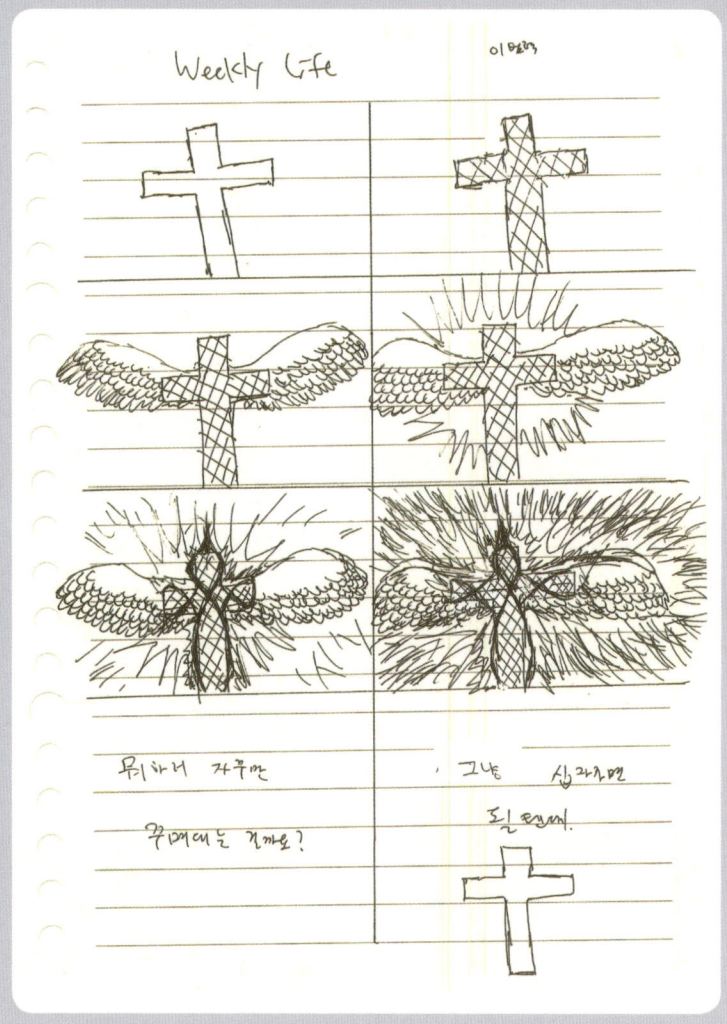

양들과 목자

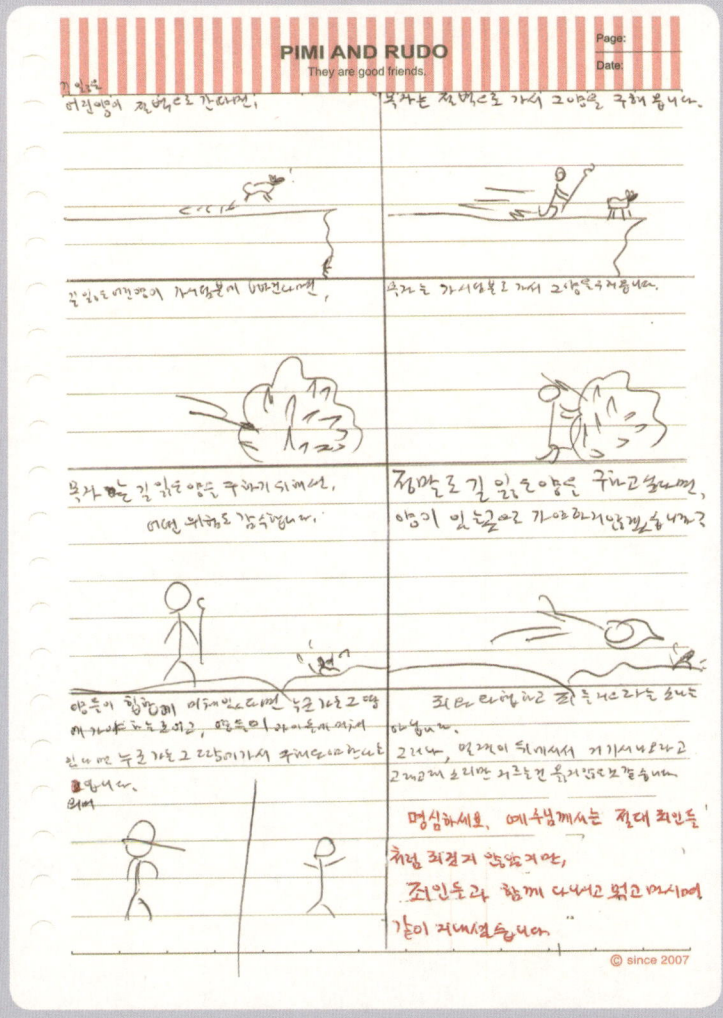

Confess 3

confess 4

마음을 새롭게 하고
변화를 받아 나의 몸과 마음과
매일의 삶을
하나님께 드리겠습니다.

가인과 아벨 | 당신은 하나님을 오해하고 있습니다 | 기타 | 자존심 | 스펀지 | 암 | 규칙 안에서의 자유 |
행복 | 바리새인 | 기도의 중심설 1, 2 | 삶의 예배

가인과 아벨

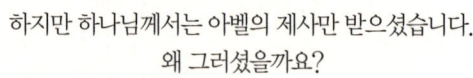

광야에 선 자의 고백

"아벨은 자기도 양의 첫 새끼와 그 기름으로 드렸더니 여호와께서 아벨과 그의 제물은 받으셨으나
가인과 그의 제물은 받지 아니하신지라"
창세기 4:4-5

가인도 아벨도 오랫동안 땀을 흘리며 동고동락한
결과물을 드렸다는 것은 동일하지만,
아벨은 자신의 산물이 온전히 하나님의 것임을 알고
기쁨으로 하나님께 드렸습니다.

그러나 가인은 그러지 못했습니다.
하나님께 그 결과물의 주권을
온전히 드리지 못했기 때문입니다.
단순히 양과 곡식의 문제가 아닙니다.

예배란 우리의 일생 중, 최고의 가치를
하나님께 올려드리는 것입니다.
우리가 이 땅에서 수고하고 노력해서 얻은
모든 것을 드리는 것입니다.

우리가 어떤 대학을 가고, 어떤 직업을 가지고,
어떻게 살 것이냐가 문제가 아닙니다.
가인과 아벨의 제사가
양과 곡식의 문제가 아니었던 것처럼 말입니다.

내가 왜, 무엇을 위해
사느냐가 문제입니다.

당신은 하나님을 오해하고 있습니다

소돔과 고모라가 멸망한 건

죄인이 많아서가 아니라
의인이 없었기 때문입니다.

"…이르시되
**내가 십 명으로 말미암아
멸하지 아니하리라**"
창세기 18:32

정말 아끼는 좋은 물건이라도
제기능을 잃어 고쳐 쓸 수도 없고
다른 용도로도 쓸 수 없게 되면 버리게 되듯이

깨어있는 사람, 문제의식을 느끼고
용기 내서 문제와 맞서려는 사람,
공동체를 위해 기도하는 사람이 없다면
그 공동체 전체는 파멸의 길을 걷게 됩니다.

"이 땅을 위하여 성을 쌓으며 성 무너진 데를
막아서서 나로 하여금 멸하지 못하게 할 사람을
내가 그 가운데에서 찾다가 찾지 못하였으므로
내가 내 분노를 그들 위에 쏟으며 …"
에스겔 22:30-31

"여호와를 의뢰하고 선을 행하라 땅에 머무는 동안 그의 성실을 먹을거리로 삼을지어다"
시편 37:3

하나님께서는 이 세상에 아무리 많은 죄인이 있어도 의인 한 명에 희망을 두시고 역사하십니다.

"너희는 예루살렘 거리로 빨리 다니며
그 넓은 거리에서 찾아보고 알라
너희가 만일 정의를 행하며 진리를 구하는 자를
한 사람이라도 찾으면 내가 이 성읍을 용서하리라"
예레미야 5:1

의인이 단 한 명이라도 있으면 심판을 피하고 죄인들이 돌아올 수 있기 때문입니다.

요셉 한 사람이 이스라엘 백성을 살렸고, 다윗 한 사람이 이스라엘 왕국을 대대로 지켰으며, 예수님 한 분이 온 인류를 살리셨습니다.

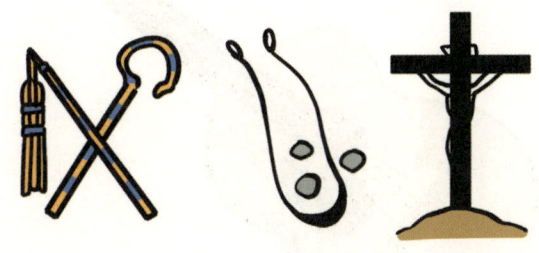

우리 주위에 있는 죄인과 악인, 그리고 특히 공동체 안의 죄들을 탓하기보다

내가 하나님께서 찾으시는 그 한 사람이 되어 살고 있는지 되돌아보는 것이 중요합니다.

"여호와를 굳게 믿고 착한 일을 하면서 주님의 모습을 닮아 가십시오."
시편 37:3

기타

제게는 값진 기타가 하나 있습니다.

몇 년 전에 사서 잠깐 치다가
방 한구석에 모셔 놓았던 기타입니다.

내가 쓰려고 샀는데 치기는 귀찮고
팔려고 하니 귀한 거라 팔지도 못해,
기타는 방 한구석에서 관리되지 않은 채로
낡아져만 갔습니다.

그렇게 방치되어 있던 기타를
만방에 올 때 가져왔지만

광야에 선 자의 고백

"심는 자에게 씨와 먹을 양식을 주시는 이가 너희 심을 것을 주사 풍성하게 하시고 너희 의의 열매를 더하게 하시리니"
고린도후서 9:10

그 후로도 제 기타는 또 방 한구석에 방치되었습니다.

그러던 중 찬양팀이나 기타를 치고 싶은 사람들에게 제 기타를 빌려주기 시작하면서 먼지만 쌓여있던 기타는 깨끗해졌고, 낡은 줄도 새로 바뀌고 뒤로 휘어가던 기타 목도 다시 바로잡혔습니다.

그 순간, 알게 되었습니다.
'내 기타가 아니구나. 내 기타라고 하면 안 되는구나.'

제 기타가 그저 '내 기타'이기만 했다면, 기타는 서서히 낡아지다가 최후를 맞이했을 겁니다. 하지만 '내 기타'라는 생각을 버리자, 비로소 기타는 아름다운 소리를 내며 연주되었습니다.

여러분의 '기타'는 무엇인가요?

Confess 4

자존심

광야에 선 자의 고백

"그들이 하나님께 열심이 있으나 올바른 지식을 따른 것이 아니니라 하나님의 의를 모르고
자기 의를 세우려고 힘써 하나님의 의에 복종하지 아니하였느니라"
로마서 10:2-3

많이 닮지 않았나요?

「 여호와께서 바로의 마음을
고집스럽게 **두셨더라.** 」

자존심

스펀지

"내 마음을 주의 증거들에게 향하게 하시고 탐욕으로 향하지 말게 하소서"
시편 119:36

암

C.S. 루이스가 한 유명한 말이 있습니다.

"교만은 영적인 암이다"

처음에는 이 말이 정확히 이해되지 않았습니다.

하지만 곧 이 둘 사이에는 긴밀한 공통점이 있다는 생각이 제 머리를 스쳐 갔습니다.

전혀 관련 없어 보이는 이 둘에게는 어떤 공통점이 있을까요?

우리 몸 안에는 항상 수많은 암세포가 존재하고 있습니다.

정상이었던 세포들은 방사능, 화학물질 등의 외부 요인 혹은 스스로 일으키는 돌연변이 등으로 인해 어느 순간 암세포로 변이합니다.

한번 암세포로 변이된 세포는 쉽게 죽지 않아 서둘러 제거하지 않는다면 걷잡을 수 없이 불어나게 됩니다.

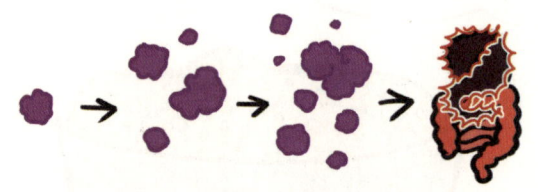

암은 환자 자신도 모르는 새 서서히 퍼져 나가 뒤늦게 발견했을 땐 이미 손쓸 수 없을 만큼 진행된 상태인 경우가 많습니다.

"무례하고 교만한 자를 이름하여 망령된 자라 하나니 이는 넘치는 교만으로 행함이니라"
잠언 21:24

이미 걷잡을 수 없이 퍼진 상태가 되면
회복하기가 어렵습니다.
암세포를 제거하기 위해 진행하는 항암치료는
환자에게 큰 고통을 주며

지켜보는 주변인들마저 고통스럽게 만듭니다.
이처럼 암은 결코 가볍게 여길 수 있는 병이 아닙니다.

자만도 마찬가지입니다.
교만의 씨앗은 항상 우리 안에 있으며,
외부 혹은 내부에서 오는 자극에 반응하며
서서히 자라나

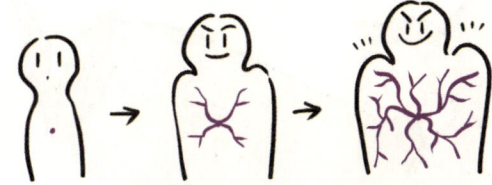

서둘러 발견하고 제거하지 않으면
손쓸 수 없이 불어나게 됩니다.

자만심이 자라면 자랄수록 사람의 속은 썩어 들어가고
뒤늦게 돌이키려 해도 뼈아픈 고통과
희생을 감수해야만 합니다.

암도 교만도 늦기 전에 발견해 다스려야 합니다.
그러기 위해서는 자기 자신을 수시로 점검하고
이들이 자라나지 못하게 억제하는
면역력을 길러야 합니다.

교만과 암은 많은 부분이 닮았습니다.
하지만 암은 **질병**이고 교만은 **죄악**입니다.

암을 예방하기 위해 면역력을 높이는 방법은
여러 가지지만, 교만을 예방하는 면역력을 기르는 방법은
내가 깨어지는 것밖에는 없습니다.

규칙 안에서의 자유

인간, 고양이, 고래, 박쥐,
이들은 얼핏 보면 각기 다른 동물입니다.

하지만 이들에게는 보이거나 보이지 않은
수많은 공통점이 있습니다. 진화 생물학에선 이것을
'상동성(Homology)'이라고 합니다.

같은 조상을 공유함으로써 이렇게 서로
비슷한 특징을 공유한다는 말이지요.

대표적인 예로,
모든 포유류의 앞다리(forelimb)는
같은 형태의 뼈 구조로 되어 있습니다.

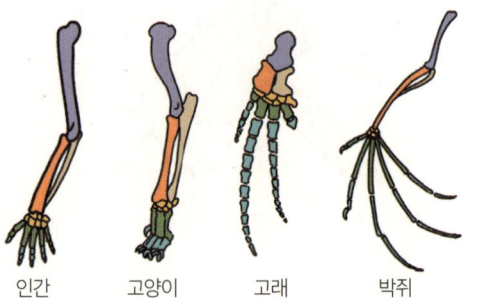

인간   고양이   고래   박쥐

하지만 이 뼈들의 각각의 길이와
각 포유류 앞다리의 기능은 저마다 다릅니다.

"형제들아 너희가 자유를 위하여 부르심을 입었으나
그러나 그 자유로 육체의 기회를 삼지 말고 오직 사랑으로 서로 종노릇 하라"
갈라디아서 5:13

이러한 현상이 진화로부터 나왔는지
지적 설계로부터 나왔는지를 논하기 전에,
저는 하나님께서 이것을 통해 주시고 싶은 메시지가
이게 아닐까 생각했습니다.

규칙 안에서의 자유

고세균에서 인간까지 모든 생물은 다르지만
모두 같은 기본 질서 안에 있습니다.

신진대사

DNA / RNA

인지질 이중층
(외부와 차단된 구조)

생물 안에는 수많은 공통 규칙이 있지만
그 안에서는 다양한 종류의 생물들이 존재하고
부수적인 것들은 제각각 다른 모습으로
자유롭게 살아갑니다.

그러나 질서 없이 아무 물질이나 자유롭게 붙인다고
생물이 될 수는 없습니다.

규칙 안에서도,
이토록 자유로울 수 있다고 생각합니다.

행복

"그는 자기의 생명의 날을 깊이 생각하지 아니하리니 이는 하나님이 그의 마음에 기뻐하는 것으로 응답하심이니라"
전도서 5:20

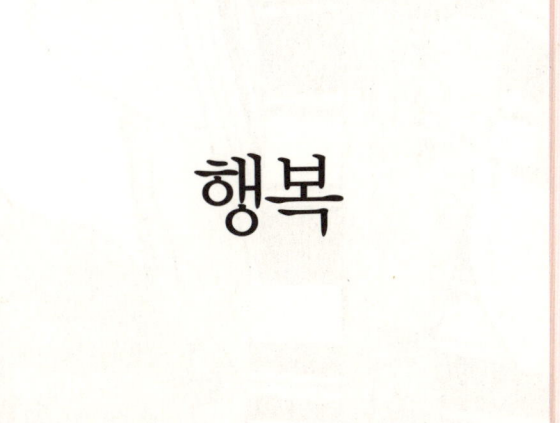

바리새인

2000년 전, 예수 그리스도를 십자가에 못 박으라 외쳤던 사람들은 로마인도, 그리스인도 아니었습니다.

예수를 죽인 사람들은 누구보다 하나님을 섬기고 메시아를 기다리던 유대인이었습니다.

광야에 선 자의 고백

기도의 중심설 1

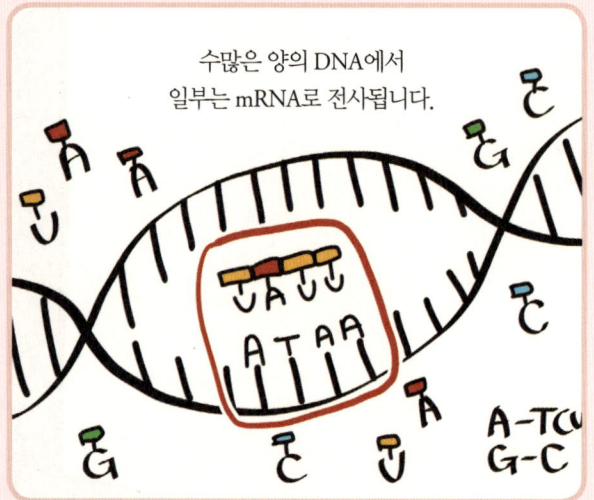

수많은 양의 DNA에서 일부는 mRNA로 전사됩니다.

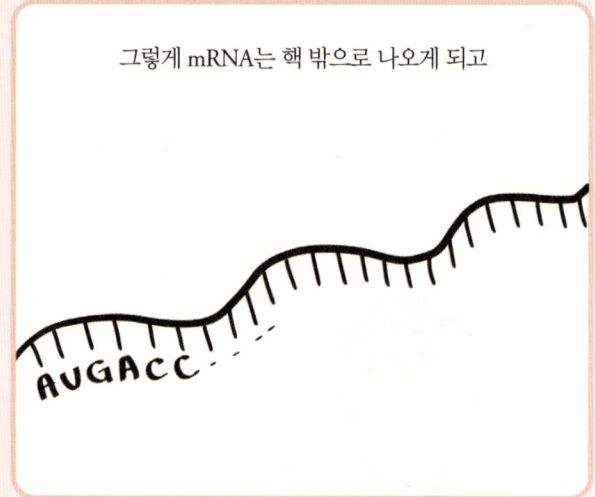

그렇게 mRNA는 핵 밖으로 나오게 되고

이 mRNA에 리보솜이 붙습니다.

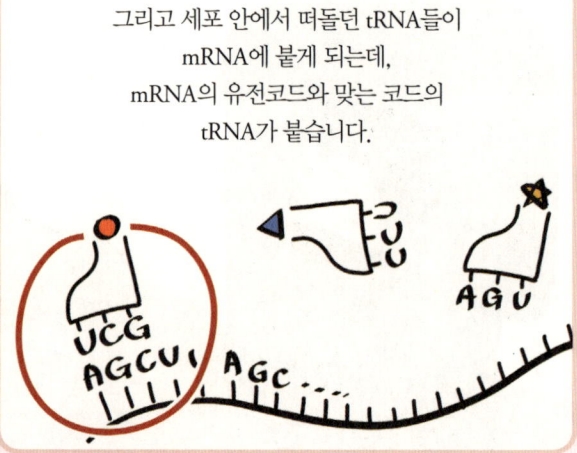

그리고 세포 안에서 떠돌던 tRNA들이 mRNA에 붙게 되는데, mRNA의 유전코드와 맞는 코드의 tRNA가 붙습니다.

"구하여도 받지 못함은 정욕으로 쓰려고 잘못 구하기 때문이라"
야고보서 4:3

그렇게 되면 tRNA에 붙어있는 아미노산이 리보솜에 붙으면서 세포의 생명을 유지하는 여러 구성 물질들을 만들어 나갈 수 있습니다.

이 과정을 **중심설**이라고 합니다. 그런데 이 중심설을 배우는 동안 문득 이런 생각이 들었습니다.

"우리의 기도도 이래야 하는 게 아닐까?"

DNA가 생명체의 모든 정보를 담고 있듯, 하나님께서는 이 모든 우주 만물의 지식과 비밀을 다 가지고 계십니다.

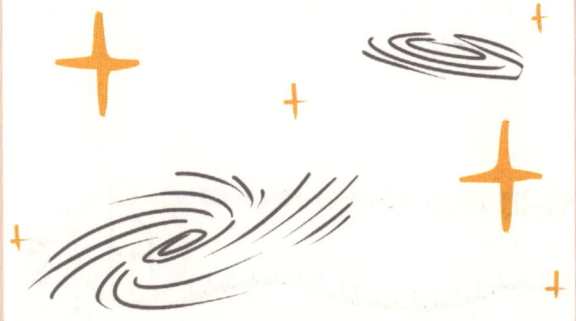

그리고 DNA 일부가 mRNA로 떨어져 나오듯, 하나님께서는 지혜와 지식으로 이 세계를 만드셨고 그중 필요한 일부로 우리가 사는 세상을 만드시고 우리에게 말씀을 주셨습니다.

기도의 중심설 2

즉, 하나님의 모든 계획과 원하시는 뜻은
DNA와 mRNA와 같이 이미 정해져 있는 겁니다.

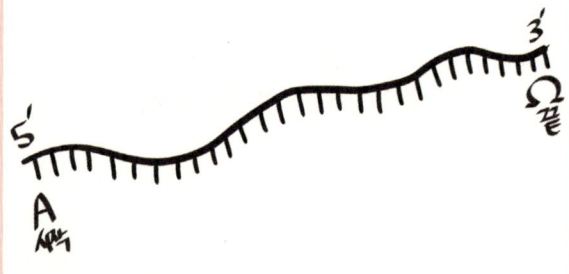

하나님께서는 우리와 관계를 맺고 싶으시기 때문에
우리가 기도하고 살아감으로써
정해진 계획을 이루어가길 원하십니다.
tRNA와 mRNA의 번역 과정처럼 말입니다.

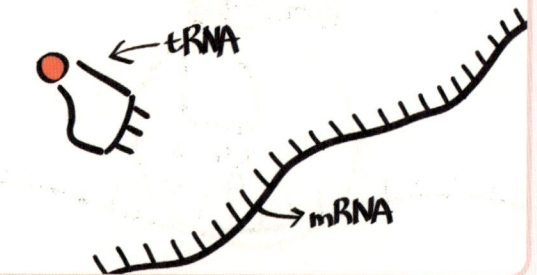

우리의 기도는 tRNA와도 같아서
하나님의 '유전코드'와 합하여야 합니다.
수많은 tRNA가 있듯 수많은 기도가 있지만,
하나님의 뜻에 합하는 '코드'와
그렇지 못하는 '코드'가 존재한다는 것입니다.

tRNA와 mRNA가 결합해서
대사물질들이 생성되듯이
우리의 기도와 행동이 그분의 뜻과 합하여
맞아 떨어질 때 하나님께서 움직이시고 역사하십니다.
이 세상의 작업이 끝나는 날까지 말입니다.

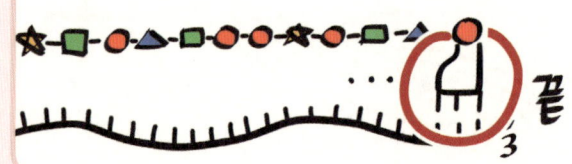

"그런즉 너희는 먼저 그의 나라와 그의 의를 구하라 그리하면 이 모든 것을 너희에게 더하시리라"
마태복음 6:33

mRNA가 tRNA에 맞추는 게 아니듯,
우리가 기도할 때
하나님께서 그 기도에 맞추시는 게 아닙니다.

"구해도 받지 못하는 것은
구하는 동기가
잘못되었기 때문입니다."
야고보서 4:3

우리의 마음이 하나님의 뜻과 합할 때
그분께서 기뻐하시며 응답해 주시는 겁니다.

"…하물며 하늘에 계신
너희 아버지께서
구하는 사람에게 **좋은** 것을
주시지 않겠느냐"
마태복음 7:11

'기도'의 중심은 오직 하나님입니다.

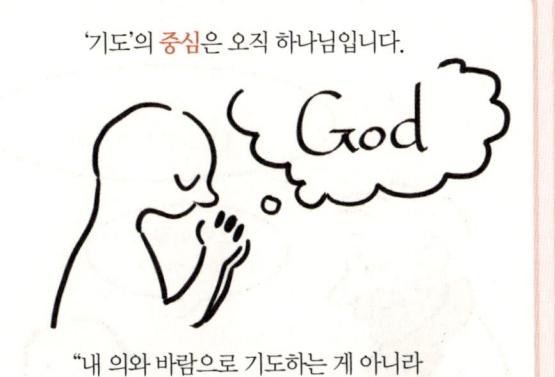

"내 의와 바람으로 기도하는 게 아니라
오직 하나님의 마음에 합하는 기도를 하도록
간절히 구해야 합니다." (마태복음 6:33)

Central Dogma
중심설

↓

'기도의'
중심설

삶의 예배

광야에 선 자의 고백

"내가 여호와를 항상 내 앞에 모심이여 그가 나의 오른쪽에 계시므로 내가 흔들리지 아니하리로다"
시편 16:8

자존심

Victor's Original Cartoon

행복

Confess 4

Victor's Original Cartoon

기도의 중심설 1

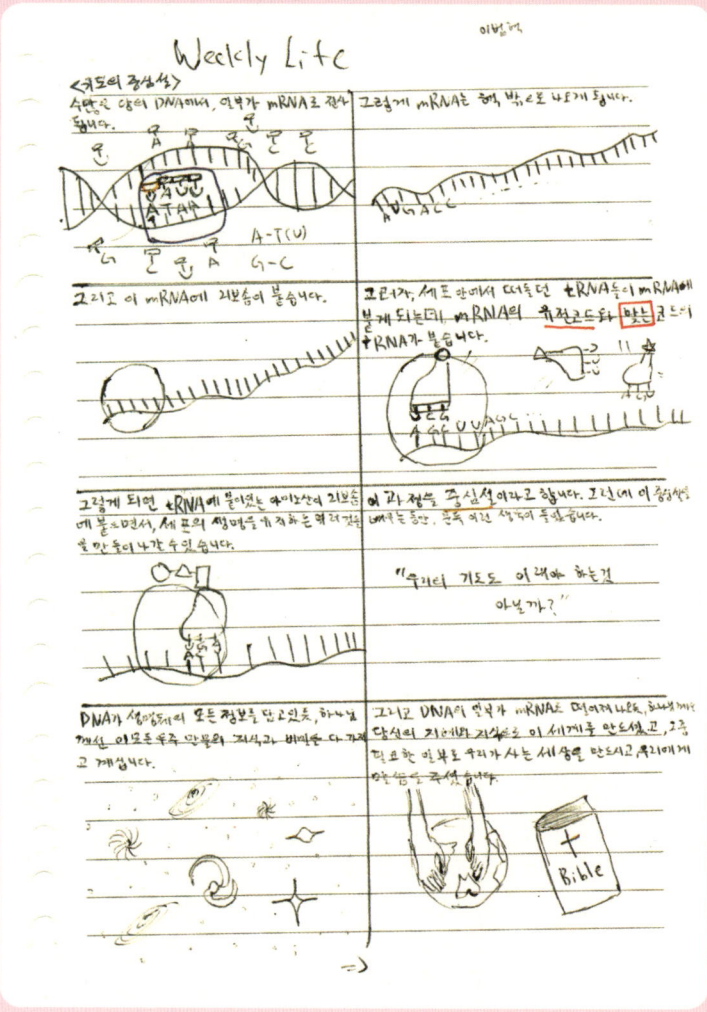

Victor's Original Cartoon

삶의 예배

Confess 4

confess 5

고난과 시련 속에서도
하나님의 길에서
벗어나지 않고 순종했더니,
그분의 능력을
덧입혀 주셨습니다.

선택받은 이후 | 연단 1, 2 | 꿈, 성공, 믿음, 위험 요소 Dream, success, faith, risk | 역설 Paradox 1 | 역설 Paradox 2 |
조선의 조선(造船) 기술 | 롯의 역설 | 맡겨진 대로 | 물병 | 조약돌 1, 2 |
해, 바람, 그리고 나그네 1, 2 | 엘리야 | 광야 1 | 광야 2

선택받은 이후

선택받은 다음이 중요합니다.

하나님께서 우릴 선택하신 건,
우리가 선택받은 다음에 해야 할 일이 있기 때문입니다.

동물도, 식물도, 균도 모두 선택을 받습니다.
그러나 그들은 번성할 뿐이지,
선택받은 뒤에 해야 할 일이 없습니다.

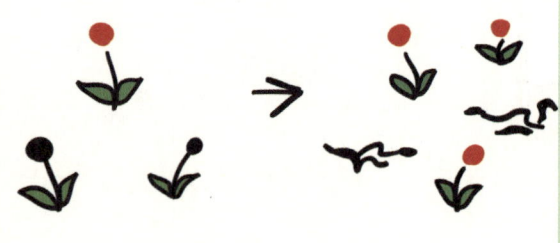

그래서 환경의 변화에서 살아남아
번성하게 된 개체들은 다른 개체들을
제치고 올라 지배할 줄밖에 모릅니다.

In terms of "Natural Selection"
자연선택

그것이 그들의 법입니다.

"너희는 가서 모든 민족을 제자로 삼아 아버지와 아들과 성령의 이름으로 세례를 베풀고
내가 너희에게 분부한 모든 것을 가르쳐 지키게 하라 볼지어다 내가 세상 끝날까지 너희와 항상 함께 있으리라"

마태복음 28:19-20

하지만 하나님께서
이스라엘 백성을 구별하여 선택하시고,
열두 제자를 부르시고, 기독교인들을 선택하신 건,

"너는 내 아들이다.
오늘 내가 너의 아버지가 되었다."

시편 2:7

누군가에겐 특권을, 누군가에겐 많은 재물을,
다른 누군가에겐 특별한 재능을 주신 건,

모두 우리에게 바라시는 게 있고
선택받은 뒤에 우리가 그저 주어진 특권을
남용하지 않기를 바라시기 때문입니다.

"너희는 가서
모든 민족을 제자로 삼아라"

마태복음 28:19

우리는 동물이 아닙니다. 우리는 선택받음과 동시에
짊어질 책임을 부여받습니다.

내가 세상 끝날까지
항상 함께 있겠다.

Confess 5

연단 1

"내 형제들아 너희가 여러 가지 시험을 당하거든 온전히 기쁘게 여기라
이는 너희 믿음의 시련이 인내를 만들어 내는 줄 너희가 앎이라"
야고보서 1:2-3

Confess 5

연단 2

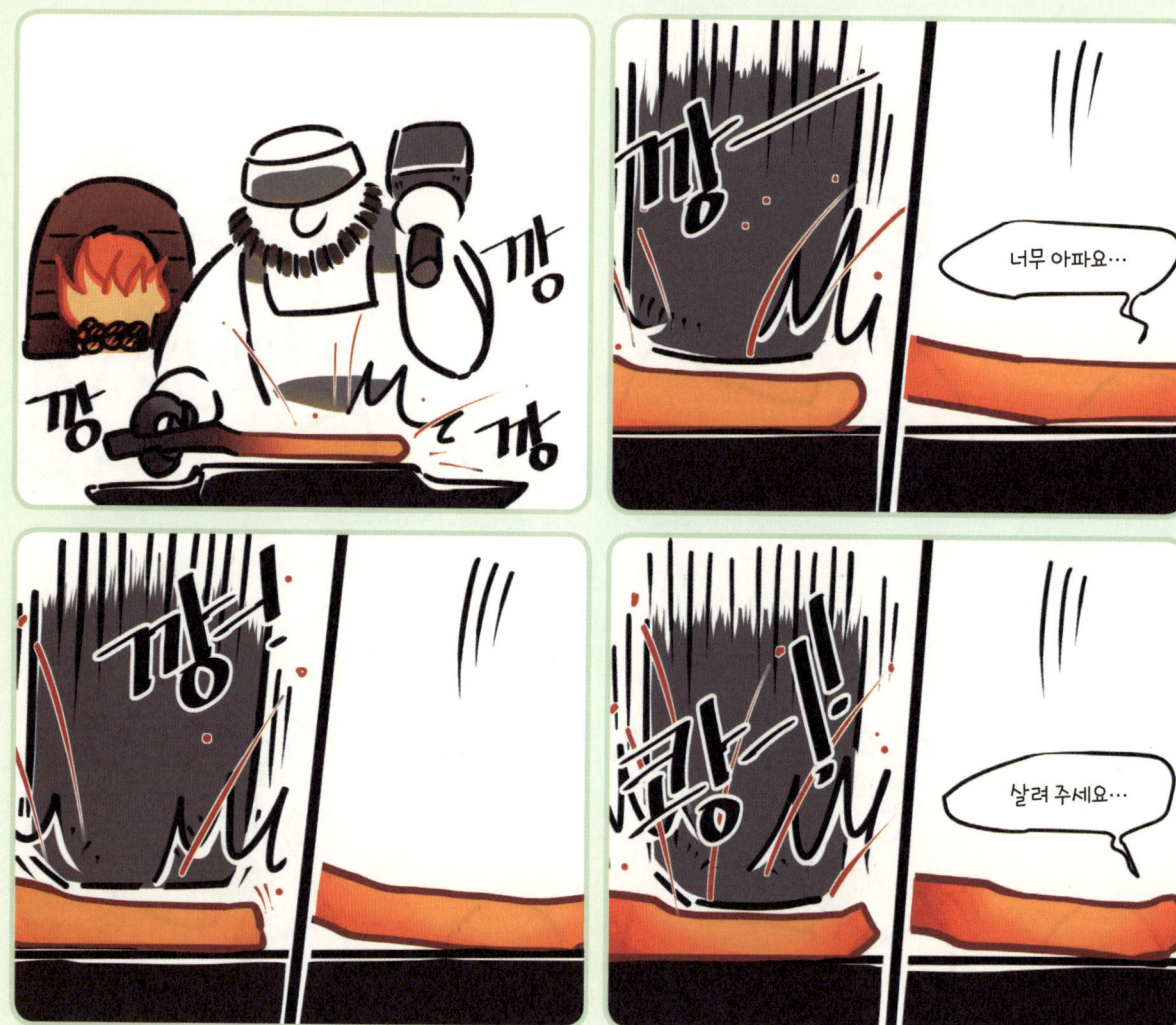

"너희 믿음의 확실함은 불로 연단하여도 없어질 금보다 더 귀하여
예수 그리스도께서 나타나실 때에 칭찬과 영광과 존귀를 얻게 할 것이니라"
베드로전서 1:7

대장장이는 아파하는 쇠막대를 들어
물이 담긴 양동이에 넣어 식혀 주었습니다.

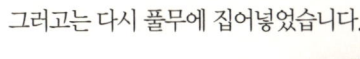

그러고는 다시 풀무에 집어넣었습니다.

아직 연단이 끝난 게 아니기 때문입니다.

꿈, 성공, 믿음, 위험 요소 Dream, success, faith, risk

"사람의 마음에 있는 모략은 깊은 물 같으니라 그럴지라도 명철한 사람은 그것을 길어 내느니라"
잠언 20:5

역설 Paradox 1

"내게 능력 주시는 자 안에서 내가 모든 것을 할 수 있느니라"
빌립보서 4:13

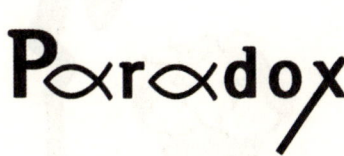

역설 Paradox 2

"예수께서 그들을 보시며 이르시되 사람으로는 할 수 없으나 하나님으로서는 다 하실 수 있느니라"
마태복음 19:26

하나님께서는 말보다 행동부터 앞서는
한 시골 어부에게 천국의 열쇠를 맡기셨고,

하나님을 믿는 사람들을 잡아 악랄하게 박해했던
한 사람을 이방의 복음 전파를 위해 사용하셨다.

하나님께서는 항상 '뜻밖의 사람'을 캐스팅하신다.
그리고 그 '뜻밖의 사람'을 '뜻 안의 사람'으로 만들어
하나님의 뜻 안에 알맞게 사용하신다.
'하나님께서 하셨다'는 말밖에 나오지 않도록…

다윗 – 양치기, 막내
노아 – 술꾼
갈렙 – 80세 노인
엘리야 – 감정 기복이 심한 사람
아브라함 – 뿌리 깊은 우상숭배 집안의 사람
다니엘 - 학생

하나님께서는
물에 젖은 재단을
불태워 삼키시는
유일한 분이시다.

조선의 조선(造船) 기술

조선 시대의 배 만드는 기술은
동시대 다른 나라 못지않게 뛰어났다고 합니다.

그중에서도 돛대 조작 기술은
그 당시 기술로서는 혁신이었습니다.

조선의 돛대는 바람이 어느 방향에서 불어오든지

돛대를 조정함으로써 그 바람을
배가 나아가려는 방향으로 갈 수 있도록
도와주는 동력으로 사용합니다.

"명철한 자의 마음은 지식을 얻고 지혜로운 자의 귀는 지식을 구하느니라"
잠언 18:15

기존의 돛대는 배에 고정되어 있었기 때문에 앞으로 나아가려는 방향과 다른 바람이 불면 돛을 접어야 했고 바람이 그칠 때까지 제대로 나아가지 못했습니다.

하지만 조선의 배들은 어느 방향에서 바람이 불어오든 모두 동력으로 사용할 수 있었고 가려는 방향과 반대 방향으로 바람이 불어도 배의 방향을 조금만 돌리면 되었습니다.

우리가 하는 공부도 이와 같아야 하지 않을까요?

공부를 잘한다는 건 다른 게 아니라, 어떤 상황에 있든 어떤 기분이든 그것들을 모두 공부하는 데에 사용되는 에너지로 변환시키는 능력이 있다는 겁니다.

롯의 역설

그들이 롯에게 소리쳤습니다.

"오늘 밤 너에게 온 사람들이
어디에 있느냐?
그들을 우리에게 끌어내라,
그들을 욕보여야겠다."

창세기 19:5

롯이 말했습니다.

"형제들이여,
이런 나쁜 일을 하면 안 되오.
자, 나에게 남자와 잠자리를 같이
한 적 없는 딸 둘이 있소.
그 애들을 드릴 테니
당신들 좋은 대로 하시오."

창세기 19:8

아브라함이 또 여호와께 말했습니다.

"주여, 노하지 마시고 마지막으로
한 번만 더 말씀드리게 해 주십시오.
만약 의인 열 명이 있으면,
어떻게 하시겠습니까?"

"착한 사람이 열 명만 있어도,
저 성을 멸망시키지 않을 것이다"

창세기 18:32

광야에 선 자의 고백

"그러나 칼이 임함을 파수꾼이 보고도 나팔을 불지 아니하여 백성에게 경고하지 아니하므로
그중의 한 사람이 그 임하는 칼에 제거 당하면 그는 자기 죄악으로 말미암아 제거되려니와
그 죄는 내가 파수꾼의 손에서 찾으리라"
에스겔 33:6

롯의 가족과 사위들의 가족만 해도
열 명이 넘을 텐데 말입니다.

하나님께서는 왜 소돔과 고모라는 악한 곳에
의인 롯을 보내셨을까요?

그저 버티다가 혼자 살아남으라고 보내신 걸까요?

구원은 받고 싶은데, 세상 사람들과는
싸우기가 무서워서 비굴하게 타협하는 모습.

그 모습이 초래한 결과는
의인이 열 명도 채 되지 못한 도시의 멸망이었습니다.

우리가 사는 세상은 소돔과 고모라 같고
세상이 무서워서 롯처럼 행동하기가 너무나 쉽습니다.

경계병

에스겔 33장

하지만 소돔과 고모라가 멸망할 운명이라도,
아무리 소돔과 고모라가 무서워도,
용기를 내야 하지 않을까요?

맡겨진 대로

"오직 주께서 각 사람에게 나눠 주신 대로 하나님이 각 사람을 부르신 그대로 행하라"
고린도전서 7:17

물병

저에게는 주로 뜨거운 물을 담아 마실 때 쓰는 물병이 하나 있습니다.

어느 날, 별생각 없이 병을 쓰던 중 흥미로운 것을 발견하게 되었는데

바로 병 안쪽 면에 자잘하게 붙어 있는 작은 기포들이었습니다.

기포들은 병의 맨 밑도, 맨 위도 아닌 중간 쪽에 어중간하게 다닥다닥 붙어 있었습니다.

"그러므로 너희가 회개하고 돌이켜 너희 죄 없이 함을 받으라
이같이 하면 새롭게 되는 날이 주 앞으로부터 이를 것이요"
사도행전 3:19

그 수많은 기포들이 보기 싫었던 저는
이것들을 어떻게 없앨까 생각하다가
무심코 물병을 손가락으로 세게 쳤습니다.

그러자 기포들은 쫓기듯 위로 허둥지둥 올라갔는데,
그 모습을 보며 순간 머리를 스치는 생각이 있었습니다.
"하나님께서도 우리들을 이렇게 보지 않으실까?"

죄의 무게에 눌려 밑바닥에 가라앉은
기포 같은 우리들, 돌이켰다 회개했다 하면서도
정작 죄와 하나님 사이에 어중간하게 있는
우리들을 보시면서 하나님께서는
속이 터지지 않으실까.

 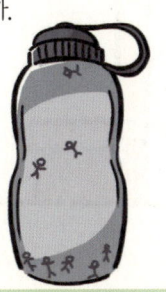

그리고 다시 한 번, 병을 '툭' 쳐주지 않으실까.
그래야만 정신 차리고
다시 가던 길을 마저 갈 수 있으니까.

Confess 5

조약돌 1

"다윗이 이르되 여호와께서 나를 사자의 발톱과 곰의 발톱에서 건져내셨은즉
나를 이 블레셋 사람의 손에서도 건져내시리이다
사울이 다윗에게 이르되 가라 여호와께서 너와 함께 계시기를 원하노라"
사무엘상 17:37

Confess 5

조약돌 2

"다윗이 칼을 군복 위에 차고는 익숙하지 못하므로 시험적으로 걸어 보다가 사울에게 말하되 익숙하지 못하니 이것을 입고 가지 못하겠나이다 하고 곧 벗고 손에 막대기를 가지고 시내에서 매끄러운 돌 다섯을 골라서 자기 목자의 제구 곧 주머니에 넣고 손에 물매를 가지고 블레셋 사람에게로 나아가니라"

사무엘상 17:39-40

해, 바람, 그리고 나그네 1

길 가는 나그네를 모질게 몰아치는 바람.

세차고 차가운 바람은
나그네가 한층 더 두꺼운 옷을 껴입게 했습니다.

나그네가 아무리 많은 옷을 껴입어도
점점 더 거세지는 바람에 나그네는
따뜻해지지 않았고 바람이 무서워졌습니다.

나그네를 내려다보며 마음이 아팠던 태양은
그에게 진정한 따뜻함을 선물해 주고 싶었습니다.

"전날에 너희가 빛을 받은 후에 고난의 큰 싸움을 견디어 낸 것을 생각하라"
히브리서 10:32

그래서 태양은 차가운 바람에 서서히 무감각해지던 나그네를 녹이기 시작했지요.

태양은 나그네를 뜨겁게 내리쬐며 나그네의 두꺼운 옷들을 다시 한 겹 한 겹 벗겨냈습니다.

나그네는 처음으로 따뜻함을 느꼈습니다. 그리고 몸 어딘가에서 새 힘이 생기는 것을 느꼈죠.

나그네의 심장은 다시 뜨겁게 뛰기 시작했고, 나그네는 다시 일어났습니다.

해, 바람, 그리고 나그네 2

다시 바람 부는 곳을 향해 출발한 나그네는 얼마 안 가서 또 바람을 만났습니다.

바람은 나그네를 보자 당황스러웠지만 이내 다시 거센 바람을 불기 시작했어요.

저 옷으로? 얼어 죽으려는 거야?

아까보다도 훨씬 더 세찬 바람은 나그네가 추워서 도망갈 거라 생각했지만 이번에는 뭔가 이상했습니다. 나그네는 바람이 더 세게 불자 그나마 걸치고 있던 옷들도 모두 벗어 던져버렸거든요.

이미 태양의 따스한 열기로 가득했던 나그네는 더는 옷을 의지하지 않았습니다.

광야에 선 자의 고백

"자녀들아 너희는 하나님께 속하였고 또 그들을 이기었나니 이는 너희 안에 계신 이가 세상에 있는 자보다 크심이라"
요한일서 4:4

엘리야

850명의 바알과 아세라 선지자들은 자신의 신들에게 통곡하고 울부짖었지만

엘리야는 제단 주위에 고랑을 파고 항아리에 물을 가득 길었습니다.

850명의 바알과 아세라 선지자들이 옷을 찢으며 자해까지 하였지만,

엘리야는 자신의 제단에 물을 부어버렸습니다.
(열왕기상 18:33)

"나에게 이르시기를 내 은혜가 네게 족하도다 이는 내 능력이 약한 데서 온전하여짐이라 하신지라
그러므로 도리어 크게 기뻐함으로 나의 여러 약한 것들에 대하여 자랑하리니
이는 그리스도의 능력이 내게 머물게 하려 함이라"
고린도후서 12:9

엘리야는 불을 붙이는 분이
전적으로 하나님이시라는 걸 알았기에
모든 주권을 하나님께 맡겨드렸습니다.

여호와여, 여호와께서
하나님이시라는 것을
이 백성이 알게 하소서
(열왕기상 18:37)

그러자 여호와의 불이 하늘에서 떨어져
제물과 장작과 제단 둘레의 돌과 흙을 태우고
도랑의 물을 말렸습니다(열왕기상 18:38).

오직 하나님밖에 못 하신다는 것을 알고
제단에 물을 부어야 합니다.
지금까지 공들이고 노력하며 세운 제단에
물을 붓고 미련을 버릴 때입니다.

제단에 부어진 물은 하나님 앞에서는
아무런 문제가 되지 않습니다.
오히려 하나님의 영광을 더욱 드러낼 뿐입니다.

나의 제단이 물에 젖어 불이 붙을 수 없을 것 같지만
나의 연약함과 작음은
하나님 앞에서는 전혀 문제가 되지 않습니다.

광야 1

광야는 모래와 바위투성이입니다.

그래서 광야를 걷다 보면 발이 부르트기도 하고

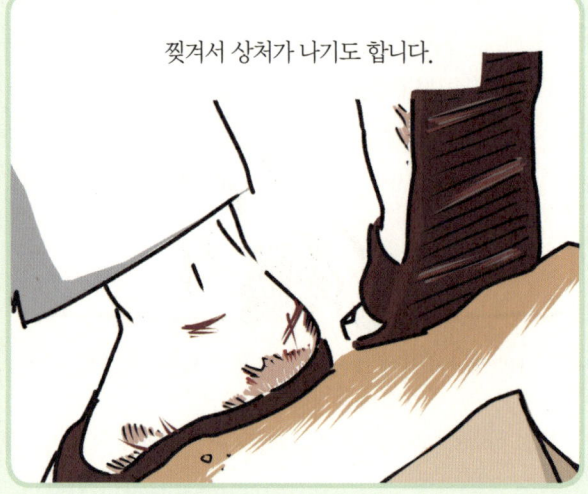
찢겨서 상처가 나기도 합니다.

그런데도 우리를 광야 길로 걷게 하시는 이유는

"네 하나님 여호와께서 이 사십 년 동안에 네게 광야 길을 걷게 하신 것을 기억하라
이는 너를 낮추시며 너를 시험하사 네 마음이 어떠한지 그 명령을 지키는지 지키지 않는지 알려 하심이라"
신명기 8:2

지칠 때까지 광야를 걷고 또 걷게 해서

굳은살이 발에 단단히 박이도록 하기 위함입니다.

그래야 그 굳은살이 박인 발로
늪이든, 돌밭이든, 화산지대든,
보내시는 곳 어디든지 군말 않고 갈 수 있을 테니까요.

廣野

광야

광야 2

"의를 위하여 박해를 받는 자는 복이 있나니 천국이 그들의 것임이라"
마태복음 5:10

判斷
판단

광야 길을 걸어 발이 더러워지는 것과
멀쩡한 길을 맨발로 걸어 굳이 흙을 묻히는 것은 다릅니다.

예수 그리스도의 이름으로 말미암아 박해받는 것과
스스로 욕먹을 짓을 해서 박해받는 것을 구별합시다.

그것을 구별하는 것이 분별력이 아닐까 싶습니다.

Victor's Original Cartoon

롯의 역설

Confess 5

155

물병

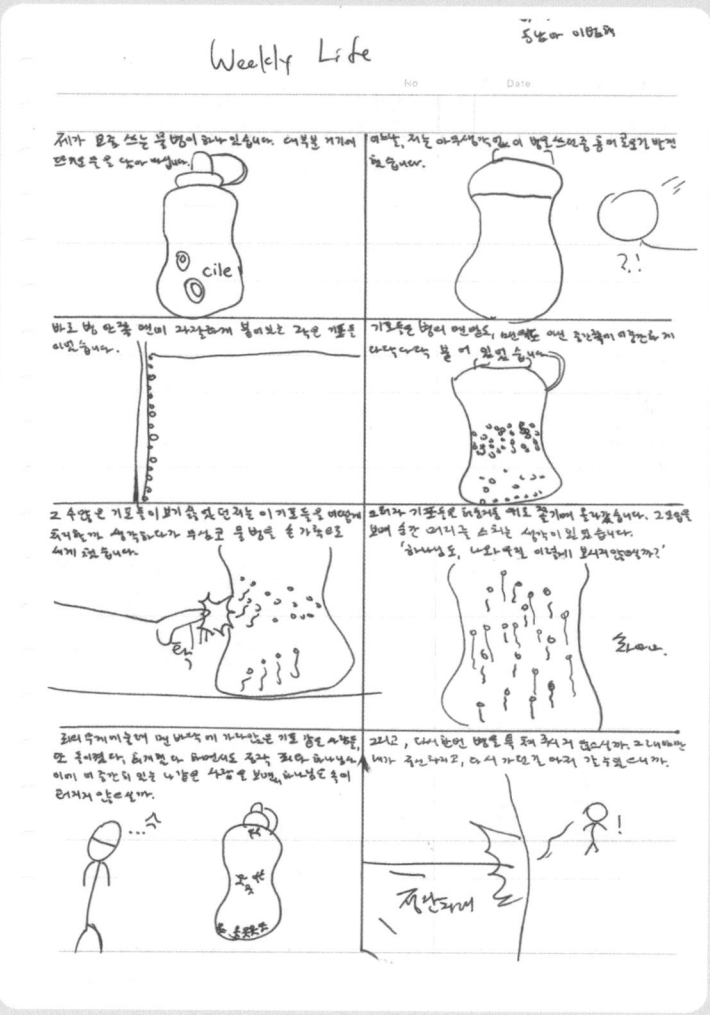

연단 1

조선의 조선(造船) 기술

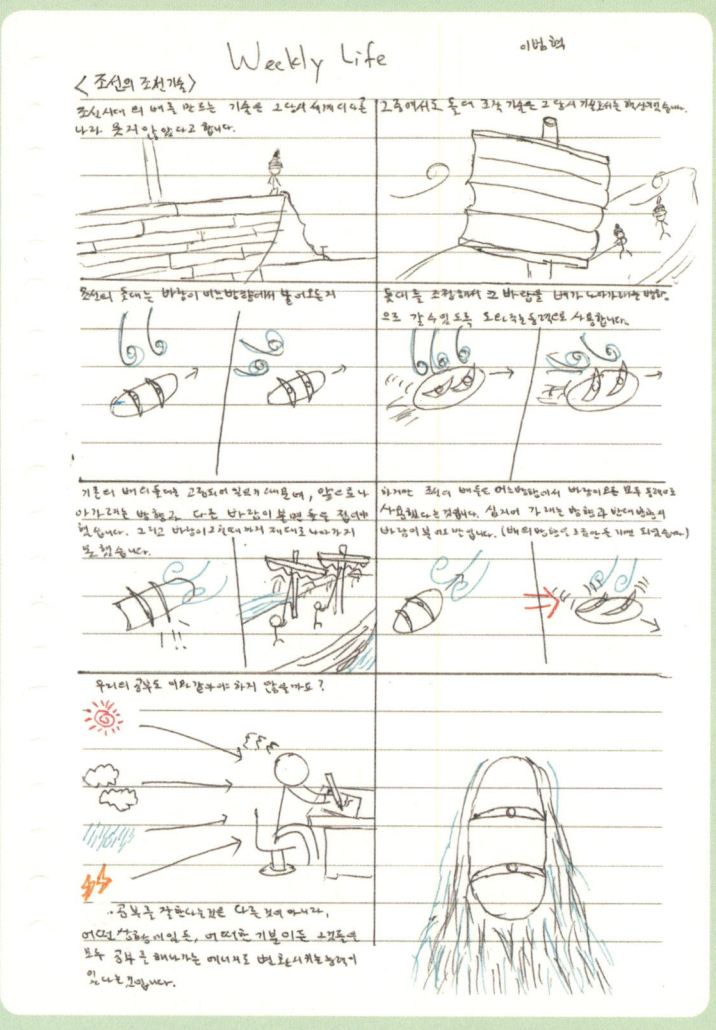

광야 1

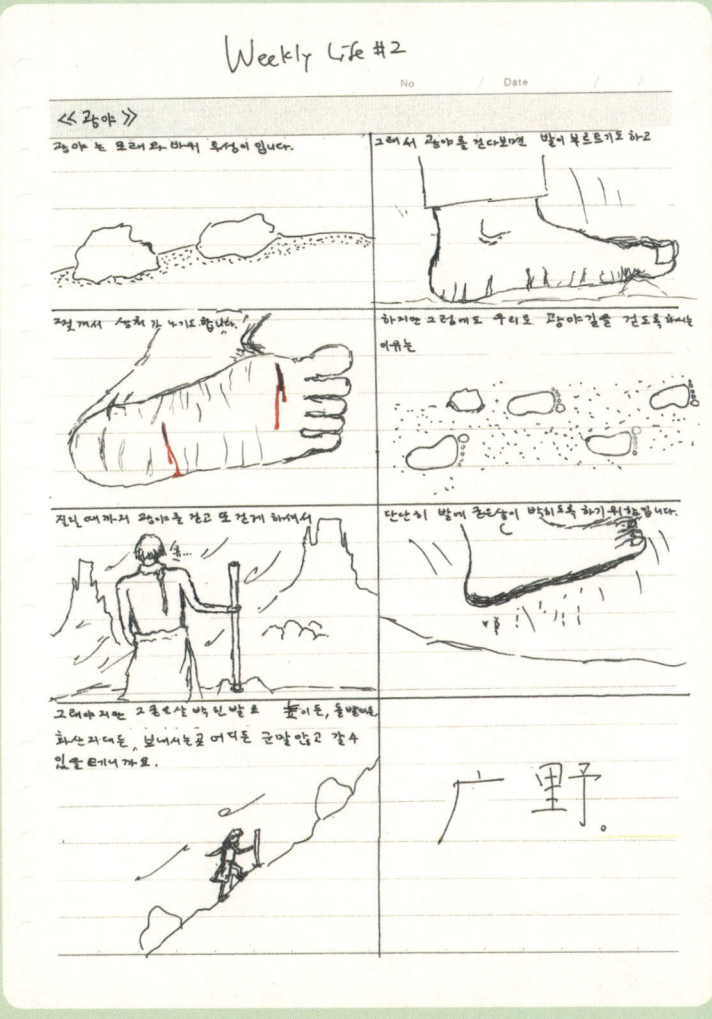

confess 6

하나님의 능력을 힘입어
변화된 나는 빛이 되어
세상에 하나님의 빛깔을
드러내고 이웃을 사랑하며
섬기겠습니다.

Represent | 빛 | 의사가 필요합니다 Need doctor | 연어가 사는 법 |
사랑을 품고 세상을 거슬러 오르는 연어처럼 | 여우와 포도 | 하나 됨 Unity | 면역세포 | 길 |
회색주의자 | 하나님의 공동체 | 텔로미어 | 잔

Represent

나는 하나님의 성전이다.

나는 예수님의 신부인 교회다.

나는 대한민국이다.

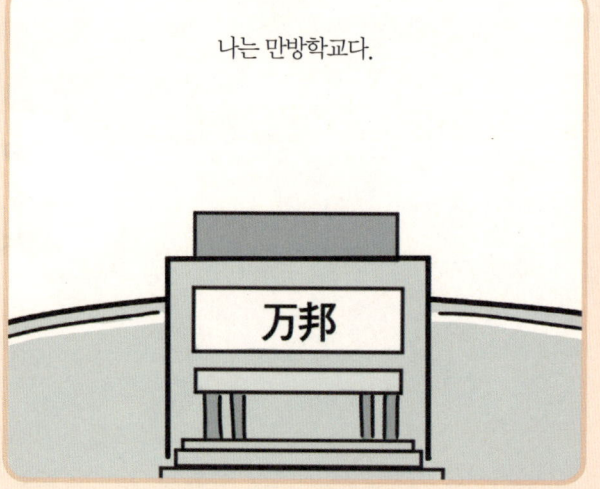

나는 만방학교다.

"너희는 세상의 빛이라 산 위에 있는 동네가 숨겨지지 못할 것이요 … 너희 빛이 사람 앞에 비치게 하여
그들로 너희 착한 행실을 보고 하늘에 계신 너희 아버지께 영광을 돌리게 하라"
마태복음 5:14, 16

내 안의 일부가 하나님의 성전이라는 것이 아니다.
교회 일부분이 나라는 것이 아니다.
대한민국에 사는 사람 중 한 명이 나라는 것이 아니다.
만방학교에 다니는 학생 중 한 명이 나라는 것이 아니다.

그렇게 생각하기 시작하면 십자가를 피하고만 싶어진다.

나뿐만 아니라 우리 한 명 한 명 모두가 그렇다.
한 공동체의 일원이라는 건,
그 공동체 전체를 상징한다.

그래서 내가 죄짓는 건 대한민국이 죄짓는 것이고,
교회가 죄짓는 것이며, 만방학교가 죄짓는 것이다.

마찬가지로 내가 속한 공동체의 다른 사람이
죄를 짓는다면 이 또한 내가 죄짓는 것이다.

그렇다면,
내 안에서 용서와 사랑을 통한 회복이 이루어질 때

나로부터 시작되리

만방학교 안에서, 대한민국 안에서,
그리고 교회 안에서 용서와 사랑을 통한
회복이 이루어질 것이다.

빛

우리는 세상의 빛입니다.

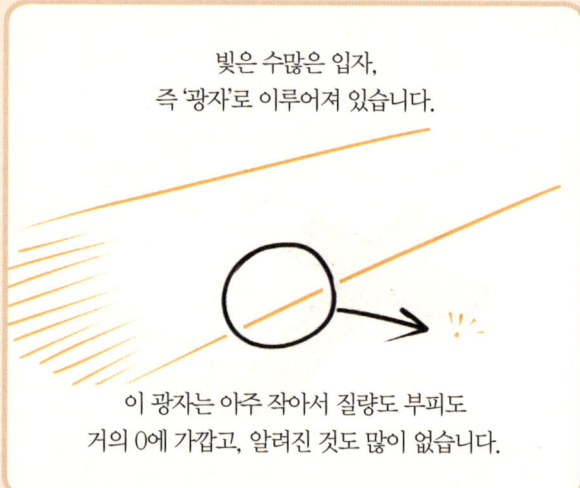

빛은 수많은 입자, 즉 '광자'로 이루어져 있습니다.

이 광자는 아주 작아서 질량도 부피도 거의 0에 가깝고, 알려진 것도 많이 없습니다.

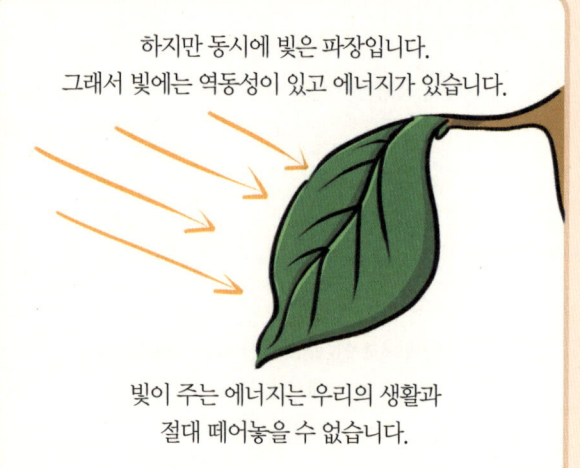

하지만 동시에 빛은 파장입니다. 그래서 빛에는 역동성이 있고 에너지가 있습니다.

빛이 주는 에너지는 우리의 생활과 절대 떼어놓을 수 없습니다.

광자 하나는 너무나도 작아 있는지조차 모르지만

하나하나가 모이게 되면 파장이 되어 곳곳으로 뻗어 나가 여러 곳에 에너지를 주고, 따스함을 주고, 울림을 줍니다.

"그가 빛 가운데 계신 것 같이 우리도 빛 가운데 행하면 우리가 서로 사귐이 있고
그 아들 예수의 피가 우리를 모든 죄에서 깨끗하게 하실 것이요"
요한일서 1:7

우리도 이와 마찬가지이고, 또 마찬가지여야 합니다.

우리 한 명 한 명은 정말 작고,
그 어떤 대단한 것이나 내세울 것도 없습니다.

하지만 한 명 한 명이 모이게 된다면,
우리는 하나의 큰 파장이 될 것입니다.

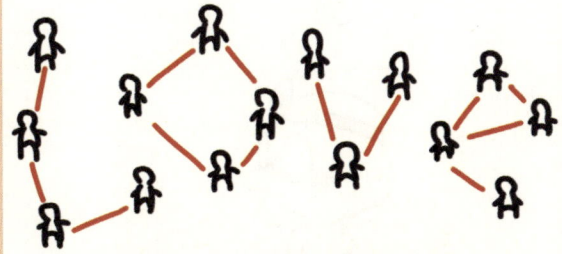

그래서 다른 사람에게 울림을 줄 것이고,
힘이 될 것이며, 따스함을 줄 것입니다.

그러나 우리가 빛을 만들 수는 없습니다.
우리는 입자가 되어야 합니다.

Light of the world

빛을 만드는 건 빛의 근원이 되시는 분이십니다.

우리는 혼자서 할 수 없습니다.
빛의 근원되시는 분 안에서 꽁꽁 뭉쳐야만

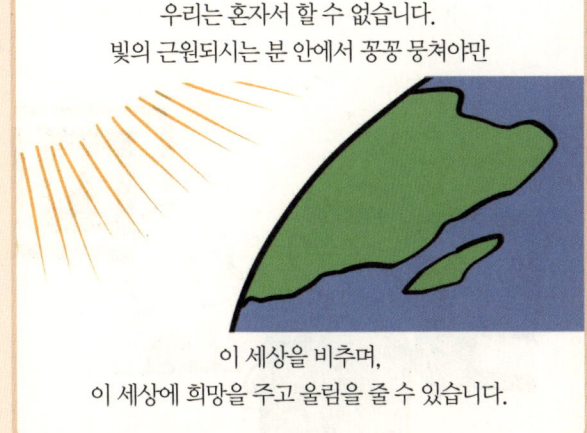

이 세상을 비추며,
이 세상에 희망을 주고 울림을 줄 수 있습니다.

의사가 필요합니다 Need doctor

의사가 병에 걸렸습니다.

손, 발, 다리 할 것 없이
모든 신체 부위의 감각이 무뎌지기 시작했습니다.

의사는 별로 대수롭지 않게 여겼습니다.

하지만 손에 감각이 없는 의사가
제대로 제 역할을 할 리가 만무했습니다.

광야에 선 자의 고백

"너희는 세상의 소금이니 소금이 만일 그 맛을 잃으면 무엇으로 짜게 하리요
후에는 아무 쓸 데 없어 다만 밖에 버려져 사람에게 밟힐 뿐이니라"
마태복음 5:13

아픈 몸을 치료받으러 온 사람들은 도리어
몸에 더 큰 상처를 얻고 병원에서 뛰쳐나왔습니다.

아픈 몸을 살릴 수 있는 유일한 희망이 사라진
병든 사람들의 모습은 말할 수 없을 만큼
점점 더 참담해져만 갔습니다.
기존의 것을 대체하려는 가짜 약과 의술이 판을 치자,
남녀노소 할 것 없이 그것들에 중독되어
이리저리 힘없이 끌려다녔습니다.

그들이 잘하는 것이라곤 서로 지지 않기 위해 이를 악물고
매일 바뀌는 타깃을 향해 돌을 던지며
서로 헐뜯는 것이었습니다.
이렇게 사회가 뿌리에서부터 깊이 병들어가자,
그제야 의사들은 사태의 심각성을 깨닫고 후회했습니다.

더는 소금이
제맛을 잃으면
안 됩니다.

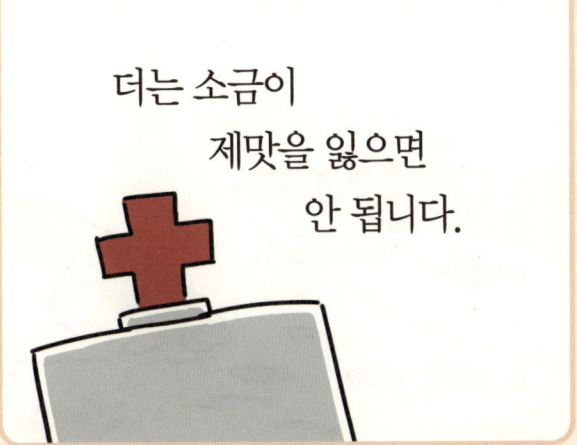

Confess 6

연어가 사는 법

연어는 산란기가 되면
알을 낳기 위해 강을 거슬러 올라갑니다.

물살이 거세든, 범람했든, 천적이 있든
연어가 꿋꿋이 강을 거슬러 오르는 이유는
단 하나입니다.

고향으로,
자신의 본향으로 돌아가 새 생명을 낳는 것.

강을 거슬러 올라 자신이 왔던 곳으로 돌아간 연어는
알을 낳고 이내 탈진해 죽습니다.

광야에 선 자의 고백

"한 알의 밀이 땅에 떨어져 죽지 아니하면 한 알 그대로 있고 죽으면 많은 열매를 맺느니라"
요한복음 12:24

그 후, 알에서 깨어난 수많은 새 생명은
죽은 자신의 부모를 먹으며 양분을 얻어 자라나고

다시 강으로, 바다로 헤엄쳐 나갑니다.

그리고 언젠가는,
알을 낳으러 다시 돌아오겠죠.

Salmon
knows how to live.

사랑을 품고 세상을 거슬러 오르는 연어처럼

"네 이웃을 사랑하고 네 원수를 미워하라 하였다는 것을 너희가 들었으나 나는 너희에게 이르노니
너희 원수를 사랑하며 너희를 박해하는 자를 위하여 기도하라"
마태복음 5:43-44

Salmon
goes against the world with love.

Confess 6

여우와 포도

한 여우가 있었어요.
여우는 포도밭을 만들어 마을 동물들에게
맛있는 포도를 나눠 주고 싶었답니다.

포도밭을 만들려면 건강한 포도송이에서
씨를 골라내야 했어요.
하지만 마을을 통틀어 포도는 한 송이뿐이었고,
그 포도는 너무 높이 매달려 있어 아무리 뛰어도
닿지 않았습니다.

하지만 꿈을 포기하고 싶지 않았던 여우는
매일 나무에 달린 포도에 닿으려 안간힘을 다했답니다.

그러던 어느 날,
포도를 쪼아 먹으러 온 참새들이 여우의 모습을 보았고
참새들은 여우를 돕고 싶은 마음이 들었습니다.

"그에게서 온 몸이 각 마디를 통하여 도움을 받음으로 연결되고 결합되어 각 지체의 분량대로 역사하여
그 몸을 자라게 하며 사랑 안에서 스스로 세우느니라"
에베소서 4:16

참새는 곧바로 마을 동물들에게 도움을 구했고
여우의 마음에 감동한 동물들은 모두 힘을 모았지요.

비버는 나무를 갉아서 쓰러트렸고,
오리는 포도가 터지지 않게
자신의 털로 푹신한 바닥을 깔았고,
염소는 과수원을 만들 자리의 잡초를 먹어 주었고,
나머지 동물들은 밭을 갈아 비옥한 땅을 만들어 주었습니다.

모두의 도움으로 여우는 자신의 소원을 이룰 수 있었고
마을 친구들과 함께 맛있는 포도도 나눌 수 있었답니다.

세상은
이렇게
바뀌는 것입니다.

하나 됨 Unity

우리의 몸은
수십조 개의 세포로 이루어져 있습니다.

이 수십조 개의 세포는 각각이 생명이지만
이 세포들을 한데 모은 우리 자신도
하나의 생명입니다.

하지만 어느 누구도 나를 '생명체들'이나
'생명의 집합'이라고 말하지 않습니다.

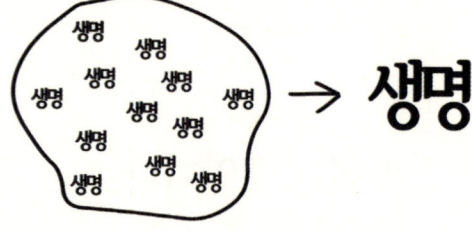

나는 생명으로 이루어진 공동체이지만
하나의 생명체입니다.

더 재미있는 건, '나'를 이루는 하나하나가
생명체인 세포들은

'나'라는 커다란 개체 안에 속해 있을 때만
살아있다는 것입니다.
세포들이 '나'에게서 떨어져 나가는 순간,
그때부터 서서히 죽어가게 되는 것이지요.

"그가 어떤 사람은 사도로, 어떤 사람은 선지자로, 어떤 사람은 복음 전하는 자로,
어떤 사람은 목사와 교사로 삼으셨으니 이는 성도를 온전하게 하여 봉사의 일을 하게 하며
그리스도의 몸을 세우려 하심이라"

에베소서 4:11-12

또한 '나'라는 존재는 바뀌지 않더라도

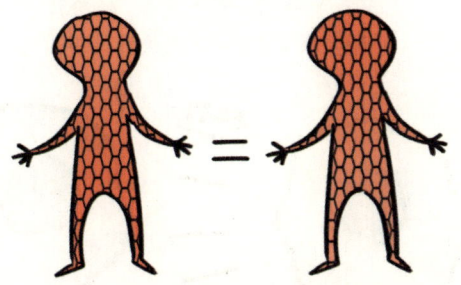

'나'라는 존재를 이루는 세포들은
끊임없이 바뀝니다.

어떤 세포는 수명이 다하기도 하고,
어떤 세포는 떨어져 나가기도 합니다.
시간이 지나면 세포들의 세대는 끊임없이 교체되지만

'나'라는 존재는 그대로 남아있습니다.
모든 것이 끝날 때까지 말이죠.

모든 세포는 분화하고 각자의 기관과 조직에서
서로 다른 특별한 역할을 수행합니다.

"… 봉사의 일을 하게하며
그리스도의 몸을 세우려 하심이라"
에베소서 4:12

그리스도의 몸인 교회도 이와 같습니다.

'Unity in the Body'

Ephesians 4:1~16

면역세포

우리 몸의 면역세포는 크게 두 부류로 나뉩니다.

림프계 면역세포들은 주로 체계적인 면역반응을 조직하고 세포들에게 명령과 지시를 내립니다.

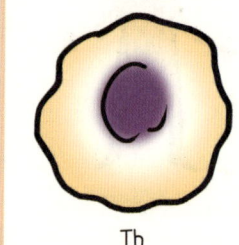 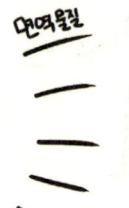 

골수계 면역세포들은 '림프구'들의 명령을 받아 그 명령에 따르거나 명령이 내려오기 전까지 임기응변으로 병균을 막습니다.

 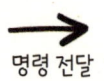 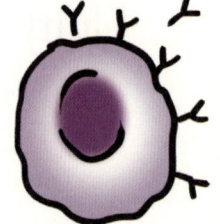

그리고 골수계와 림프계 세포에 모두 포함하는 '수지상 세포'가 있습니다.

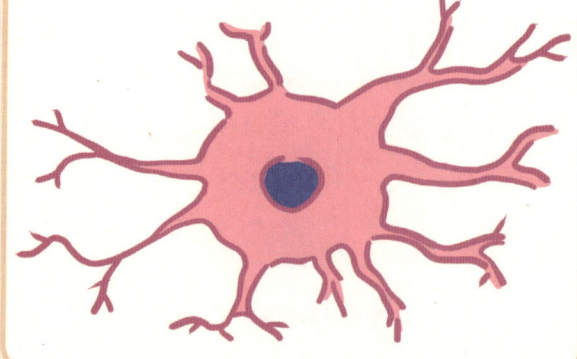

"혹시 그들이 넘어지면 하나가 그 동무를 붙들어 일으키려니와 홀로 있어
넘어지고 붙들어 일으킬 자가 없는 자에게는 화가 있으리라"
전도서 4:10

수지상 세포는 림프계와 골수계 전구세포에서
모두 분화될 수 있으며
골수계 면역세포들의 병균 정보를 림프구에 전달하고
림프구들의 명령 전달에 관여하는 역할을 합니다.

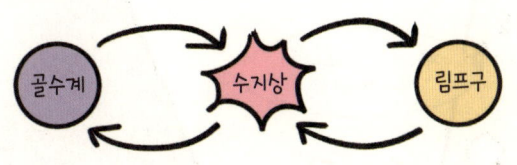

만약 수지상 세포가 없다면, 면역계에 침입한 병균들을
골수계 세포들이 발견한다 해도 림프구에 전달할 수 없을 테고
그렇게 되면 림프구와 골수계 세포들 사이에
소통이 되지 않아 면역체계가 엉망이 될 겁니다.

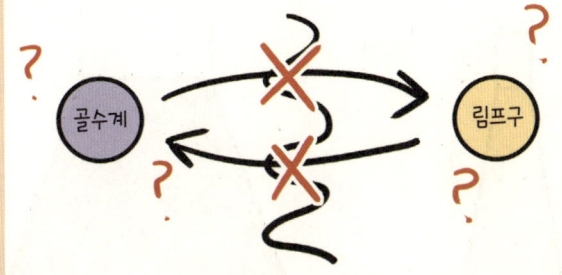

골수계 세포와 림프계 세포 간의
원활한 소통과 동역을 위해서는
수지상 세포가 '꼭' 필요합니다.

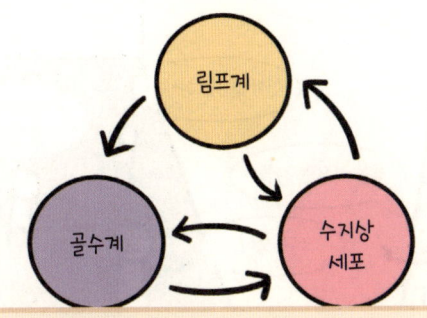

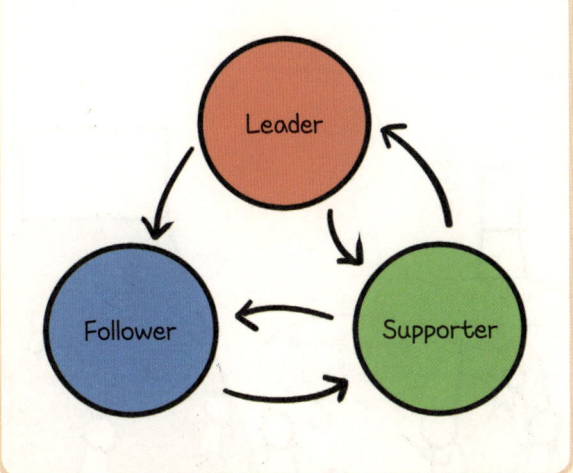

길

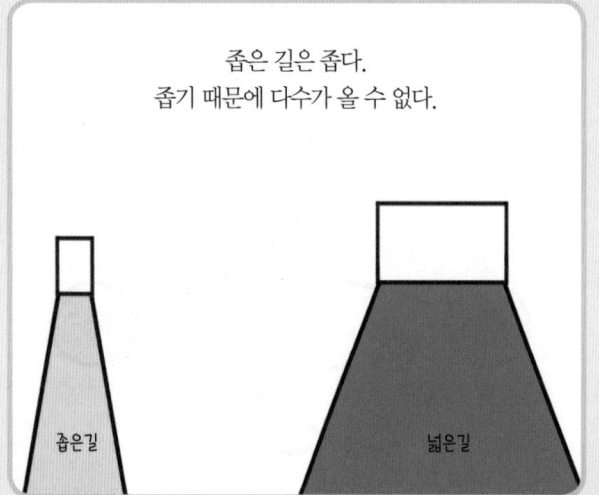

"너희는 택하신 족속이요 왕 같은 제사장들이요 거룩한 나라요 그의 소유가 된 백성이니
이는 너희를 어두운 데서 불러 내어 그의 기이한 빛에 들어가게 하신 이의 아름다운 덕을 선포하게 하려 하심이라"

베드로전서 2:9

회색주의자

사람들은 기독교를
'흑백 논리적인 종교'라고 합니다.
저 역시도 그렇게 생각해왔습니다.

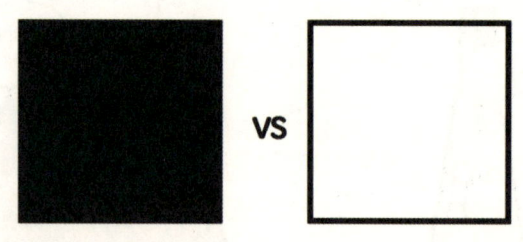

물론 선과 악, 하나님과 우상 등을 미루어 볼 때
명확히 한 곳을 선택해야 하는 건 분명합니다.

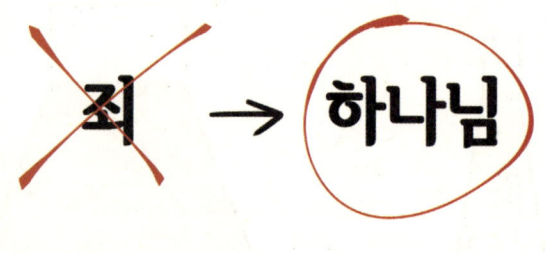

언뜻 보면 흑백 논리로 보이지만
사실 잘 생각해보면 예수님을 믿고 따른다는 건
흑백 주의자라기보다는 회색 주의자에
가깝다는 것을 알 수 있습니다.

우리는 '회색 주의자'를 '이도 저도 아니고
어느 선에서 타협하는 사람'이라고 정의하며,
실제로 회색 주의자는 그런 뜻으로 쓰이고 있습니다.

광야에 선 자의 고백

"너희 하나님 여호와께서 너희에게 명령하신 대로 너희는 삼가 행하여 좌로나 우로나 치우치지 말고
너희 하나님 여호와께서 너희에게 명령하신 모든 도를 행하라"
신명기 5:32-33

하지만 제가 말하려는 회색 주의자는
그런 의미의 단어가 아닙니다.
저는 회색 주의자를

**'어떤 상황에서도
회색을 고집하는 사람'**

이라고 새롭게 정의하고 싶습니다.

그리고 저는 기독교인들이라면 누구보다도
이 같은 회색 주의자가 되었으면 좋겠다고 생각합니다.

우리는 선입견, 편견, 개인감정, 지나친 동정심, 위선,
남들의 시선 등의 공격을 받았을 때
한쪽으로 치우쳐버리기가 너무 쉽기 때문입니다.

"너희는 좌로나 우로나 치우치지 말고"
신명기 5:32

회색이란 '흔들리지 않는',
'어느 곳에도 치우치지 않으며 온전하고 절대적인'
기준입니다. 다른 사람들이 각자의 생각과 주장을
외치며 대립할 때, 우리는 항상 하나님의 기준으로
어떻게 행동해야 옳은 것인지 생각하고 행동해야 합니다.

만약 한쪽 편의 주장을 지지하게 되더라도
조금이라도 하나님의 기준에 어긋나게 될 시에는
곧바로 빠져나갈 준비를 하고 있어야 합니다.
하나님의 기준 외에는 진리가 없기 때문입니다.

덜 정답 정답 덜 정답

어떻게 보면 흑백 논리보다도
더 비난받기 쉬울 수 있습니다.
하지만 때론 양쪽 모두에게 비난받을지라도
회색을 지키는 게 진정한 기독교인이 아닐까요?

하나님의 공동체

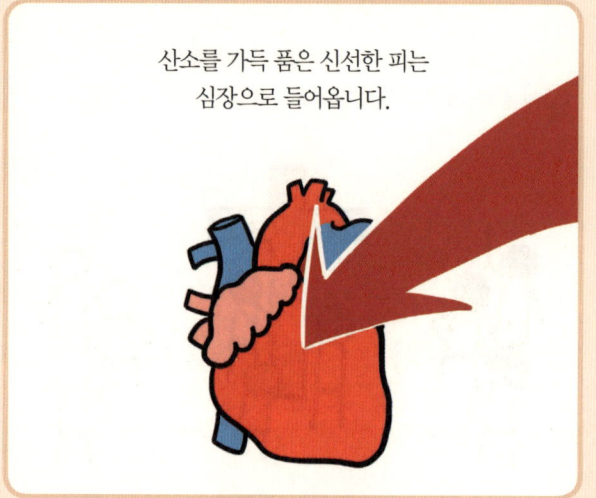

산소를 가득 품은 신선한 피는 심장으로 들어옵니다.

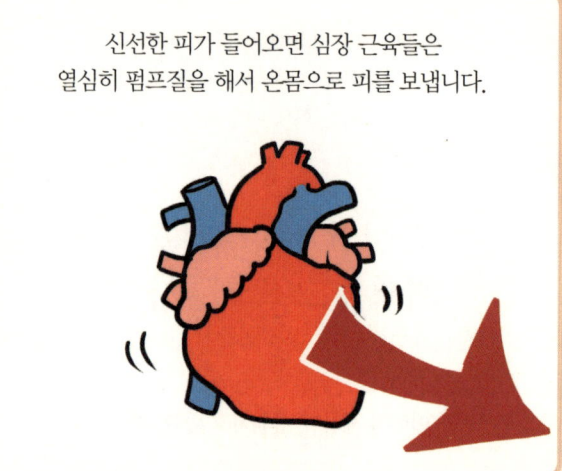

신선한 피가 들어오면 심장 근육들은 열심히 펌프질을 해서 온몸으로 피를 보냅니다.

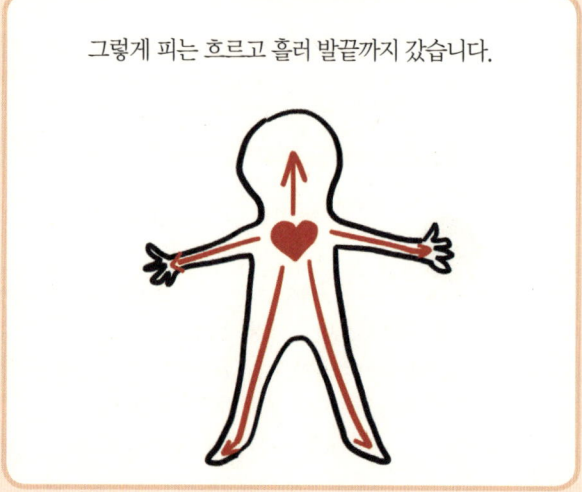

그렇게 피는 흐르고 흘러 발끝까지 갔습니다.

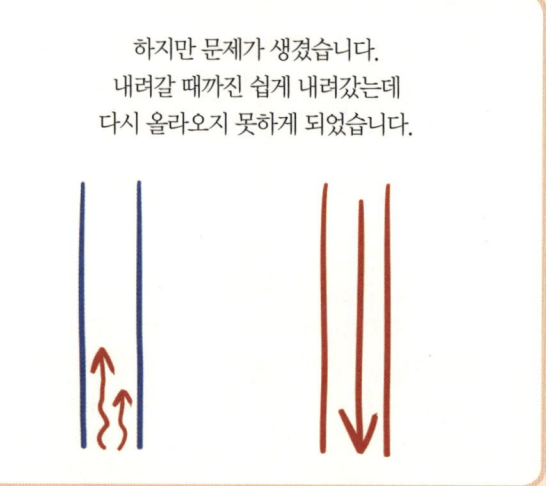

하지만 문제가 생겼습니다.
내려갈 때까진 쉽게 내려갔는데
다시 올라오지 못하게 되었습니다.

"그리스도 안에 무슨 권면이나 사랑의 무슨 위로나 성령의 무슨 교제나 긍휼이나 자비가 있거든
마음을 같이하여 같은 사랑을 가지고 뜻을 합하며 한마음을 품어"
빌립보서 2:1-2

피는 점점 고이고 고여 썩을 위험에 처했습니다.

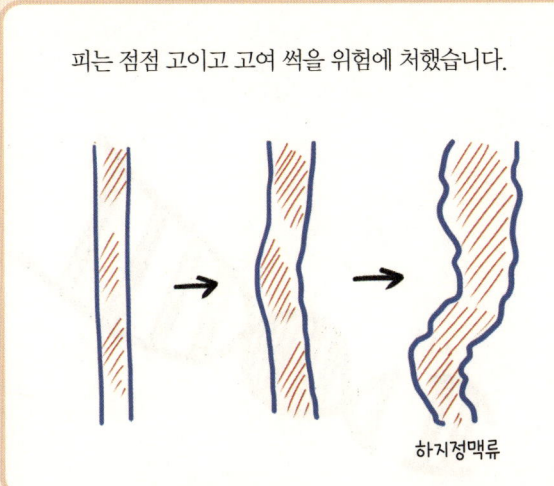

하지정맥류

사태가 심각해지자 그제야 정맥 각 위에 있던
괄약근들은 자신의 본분을 다시 깨달았습니다.

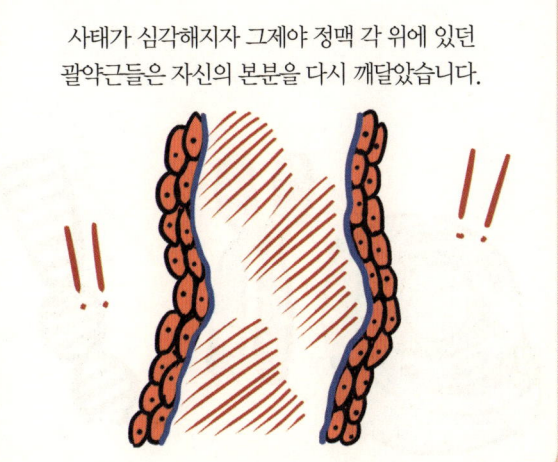

심장 근육들만으로는 밑에서 끌어당기는
중력을 거스르기란 역부족입니다.
그래서 정맥 주의의 수많은 근육이 하나가 되어
고여 있는 피를 다시 위로 끌어올려
피가 돌 수 있게 해야 합니다.

영향력이 돌려면
공동체 모두가 함께 힘을 합쳐야 합니다.

텔로미어

우리 몸의 세포에는 '텔로미어'라고 불리는, 세포의 DNA 끝에 있는 부분이 있습니다.

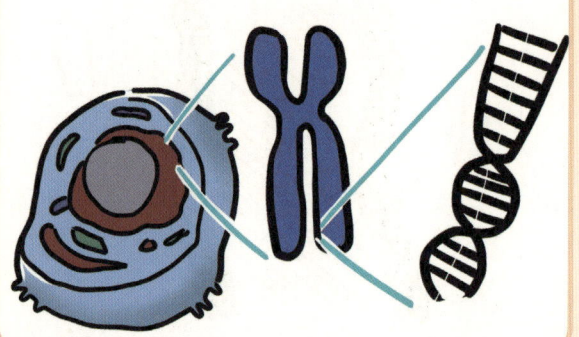

이 텔로미어는 세포가 성장하고 분열할 때마다 조금씩 떨어져 나갑니다.

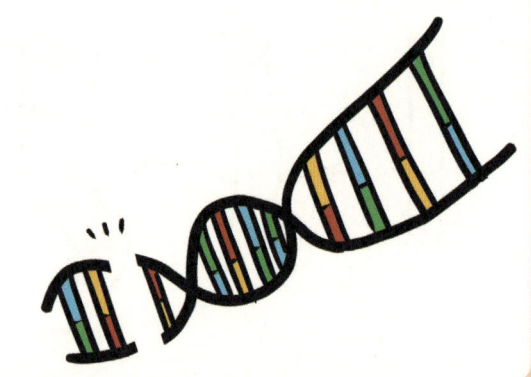

텔로미어가 모두 떨어져 나가게 되면 세포는 성장을 멈추고

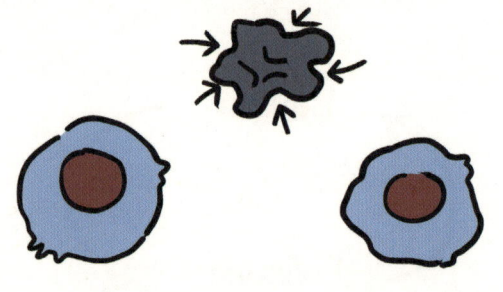

다음 세대 세포들에게 모든 기대를 맡긴 채 담담히 죽음을 맞이합니다.

그런데 텔로미어를 잃지 않고 그대로 두는 세포들이 있습니다.

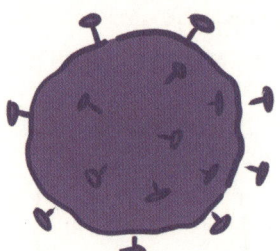

바로 암세포들이죠.

"만일 한 지체가 고통을 받으면 모든 지체가 함께 고통을 받고 한 지체가 영광을 얻으면
모든 지체가 함께 즐거워하느니라 너희는 그리스도의 몸이요 지체의 각 부분이라"
고린도전서 12:26-27

텔로미어를 버리지 않는 암세포가 된 순간, 그 세포는 분명 다른 세포들에게 치명적인 영향을 끼치게 되어

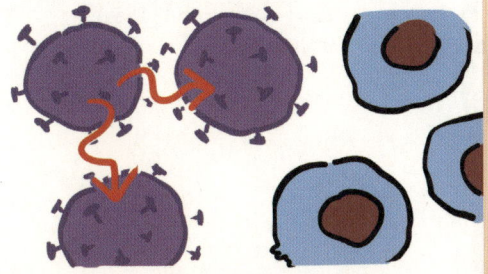

하나의 암세포는 서서히 주변의 다른 세포들도 자신과 같은 암세포로 전이시킬 것입니다.

세포는 하나의 '공동체'라고 할 수 있습니다.

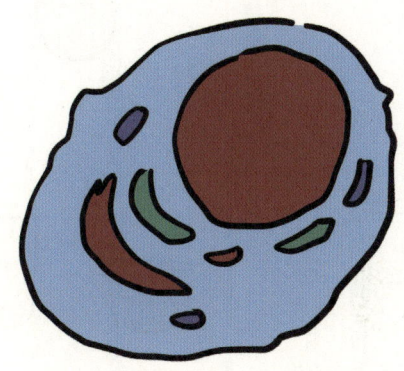

'텔로미어'를 하나씩 버려가며 성장하는 건 세포 공동체의 순리입니다.

만방학교에서 우리 아시아 나무의 역할은 '텔로미어'를 스스로 없애는 게 아닙니다. '텔로미어'는 공동체가 앞을 보고 성장할 때마다 저절로 떨어져 나가는 것이니까요.

우리는 이 학교에서 졸업하고
떠나게 되는 그날까지
우리가 맡은 이곳에서의 사명을 충실히 행한 뒤
동생들에게 멋있게 물려주고
떠났으면 좋겠습니다.

그 순간까지 정체되어
주변의 모든 곳에 악영향을 끼치는 암세포가 아닌,
우리 안의 역할을 찾아 나가는
훌륭한 공동체가 되었으면 좋겠습니다.
– 아시아 나무를 돌아보며 –

잔

"각각 자기 일을 돌볼뿐더러 또한 각각 다른 사람들의 일을 돌보아 나의 기쁨을 충만하게 하라 너희 안에 이 마음을 품으라 곧 그리스도 예수의 마음이니"
빌립보서 2:4-5

내 잔이 넘치는 것 같다면,
여기 이 잔을 같이 채워 주세요.
그렇지 못한 잔들도
같이 흘러넘치도록 말이죠.

광야에 선 자의 고백

Represent

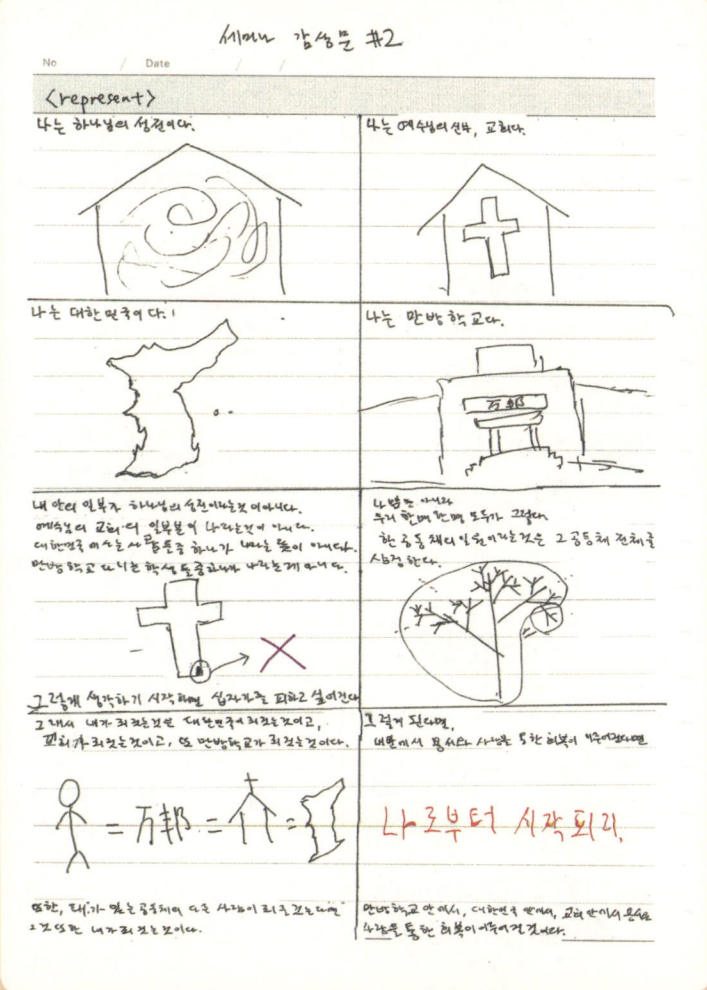

Confess 6

Victor's Original Cartoon

연어가 사는 법

Victor's Original Cartoon

빛

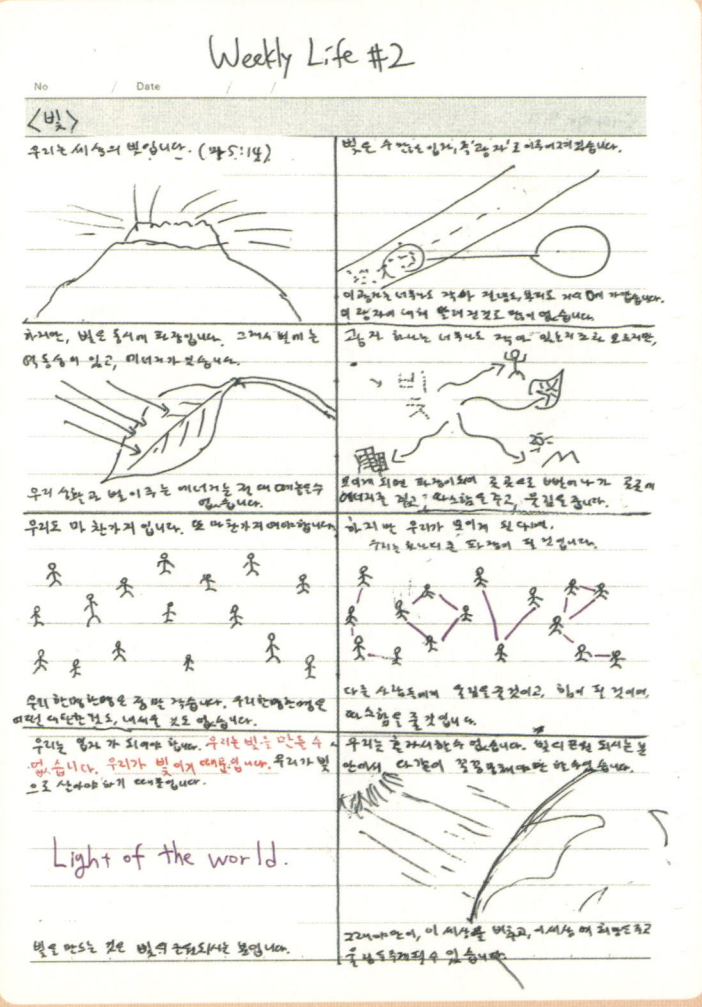

Confess 6

하나님의 공동체

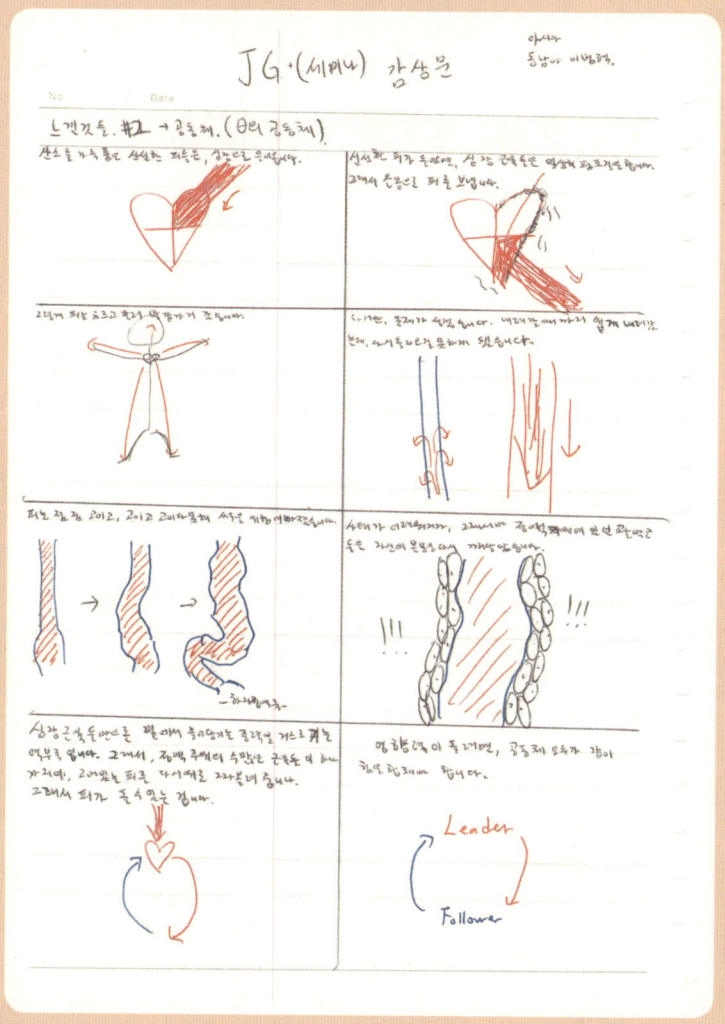

텔로미어

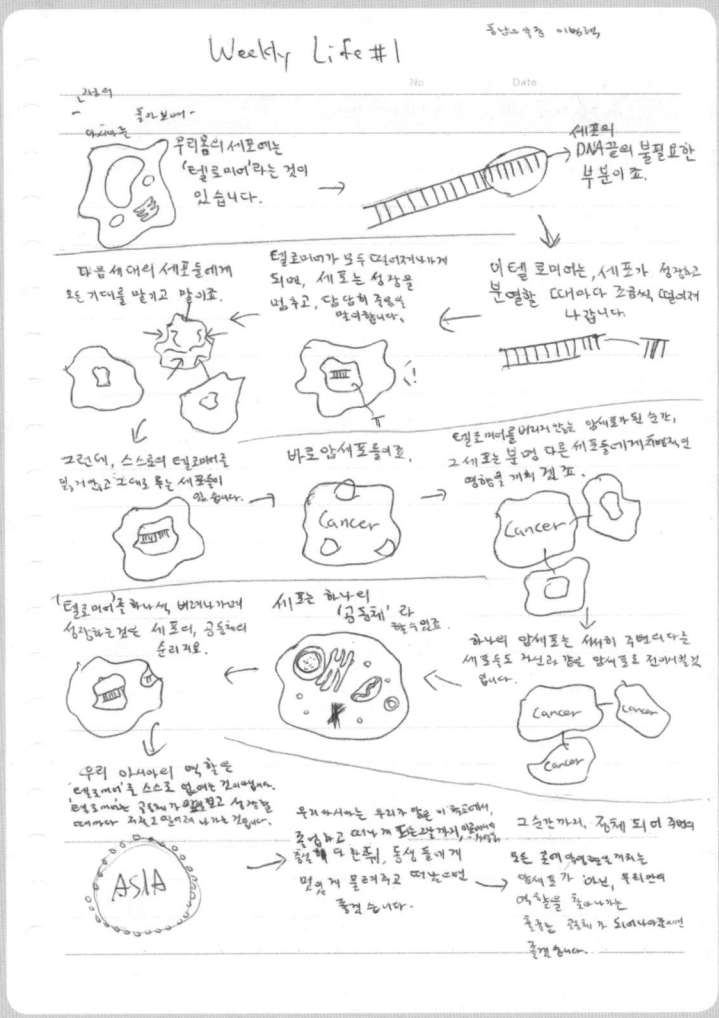

Confess 6

감사의 글

만방학교와 저는 떼려야 뗄 수 없는 관계입니다. 이곳에서 제 인생의 터닝 포인트를 경험하게 되었기 때문입니다. 입학 후 첫 학기 동안에는 여러 가지 내 안의 문제들과 죄악들이 드러나면서 혼나기도 했고, 또 스스로를 돌아보는 시간도 가졌습니다. 그 전까지는 제 안에 하나님을 믿는 마음과 만나보고 싶은 마음도 있었지만, 동시에 여러 불순물들로 가득 차 있었습니다. 일차원적인 즐거움, 학업적인 스트레스, 학업이든 인간관계든 어디서든지 완벽하고 최고여야 한다는 강박감, 미래에 대한 두려움 등 제 안에는 하나님과 멀어지게 만드는 여러 장벽들이 있었습니다. 처음 만방학교에 와서 훈련받던 시간은 이런 제 안의 불순물들을 바로 보고, 조금씩 씻겨 나가는 것을 체험하는 시간이었습니다.

그런 시간들은 바로 제가 만화를 그리기 시작하게 된 밑바탕이 되었습니다. 스스로 생각하는 시간을 갖고, 그것들을 여러 방식으로 정리해 나가다 보니, 제 삶을 만화로 나누게 된 것입니다. 이 모든 것을 시작하게 된 배경에는 만방의 선생님들과 친구들의 도움이 정말 컸습니다. 우선 저에게 여러 가지 훈련의 기회를 주신 선생님들께 감사의 말씀을 드리고 싶습니다.

만방학교에 와서 삶의 방향을 바꾸고 하나님을 만나게 된 것은 그 어떤 것과도 바꿀 수 없는 귀한 경험이었습니다. 만방학교에서 신앙을 키우고 세상과 다른 관점들을 배우게 되면서, 만화를 그릴 수 있는 통찰력도 생긴 것 같습니다. 제 성장 과정을 함께해 주신 모든 만방 선생님들께 감사를 표합니다. 특히 처음 만화를 그리게 되었을 때 지지해 주시고 제가 용기를 내어 더 많은 만화들을 나누는 데에 도움을 주셨던 김은영 선생님과, 제 만화를 전폭적으로 지지해 주시고 만화들을 엮어 책으로 만들자고 아이디어를 내주신 강명구 선생님께 감사드립니다. 또한 하루하루 살아가면서 제게 지혜를 나누어 준 만방의 친구들에게도 감사의 마음을 전하고 싶습니다.

이 만화를 엮어서 책으로 출간되기까지 많은 분들의 도움이 있었습니다. 우선 거칠었던 제 그림을 다시 작업하셔서 아름답게 다듬어 주신 문희수 선생님께 감사의 말씀을 전합니다. 여러 가지 일정들로 많이 바쁘셨을 텐데도 기쁜 마음으로 수고해 주셔서 덕분에 제 만화에 멋진 날개가 달린 것 같습니다.

또한 제 만화의 내용과 표현들을 교정해 주신 지은정 편집자님과 책 디자인을 해 주신 김한희 디자이너님께도 감사드립니다. 덕분에 제 만화의 메시지들을 한층 더 명확하고 매력적으로 전달할 수 있게 되었습니다. 프로필을 위해 제 캐리커처를 그려준 승환이와 추천의 글을 써 주신 최하진 교수님과 현겸이, 또 제가 이런 신앙을 기를 수 있게 곁에서 도움이 되어 주신 부모님과 교회 식구들에게도 감사의 마음을 전합니다.

마지막으로, 이 모든 것들을 가능케 하시고 이끌어 주신 하나님께 그 무엇보다도 가장 큰 감사를 드립니다.

이범혁(Victor)

광야에 선 자의
고백

초판 1쇄 발행 | 2018년 7월 4일
7쇄 발행 | 2018년 9월 13일

지 은 이 | 이범혁

펴 낸 이 | 최광식
펴 낸 곳 | 나무&가지
책임편집 | 지은정
북디자인 | 김한희
일러스트 | 문희수
마 케 팅 | 임지수, 김영선
등록번호 | 제 2017-000048호
주   소 | 서울시 서초구 강남대로 455, A동 511호
편 집 부 | **전화** 02-532-9578
이 메 일 | sevenpoweredu@gmail.com

ISBN 979-11-960755-3-8

● 책값은 뒤표지에 있습니다.
● 이 책은 저작권법에 의하여 보호를 받는 저작물이므로 무단 전재와 복제를 금합니다.

이 도서의 국립중앙도서관 출판시도서목록(CIP)은 e-CIP페이지(http://www.nl.go.kr/ecip)와
국가자료공동목록시스템(http://www.nl.go.kr/kolisnet)에서 이용하실 수 있습니다.
(CIP제어번호 : CIP2018020413)